天下文化
BELIEVE IN READING

高度2500呎的夢想

An Amazing Journey
Bringing Taitung to the World

陳書孜、王思佳 —— 著

目錄

序

花東，
遠比我們想像的更重要

公益平台文化基金會董事長 嚴長壽

「如果有一天我變得更複雜，還能不能唱出歌聲裡的那幅畫，」就像原住民歌手巴奈與那布共同吟唱〈流浪記〉這首歌一樣，當世界變得紛擾複雜，每個人心中，都還是保有一幅最純淨美好的畫，花東渾然天成的大自然環境與厚實的人文底蘊，就是我心底裡的那幅畫。

五十幾年前在花蓮當兵，開始我與東台灣的緣分。平常日的黃昏，我會一個人徜徉在海邊，聽著海浪拍打著七星潭碎石的聲音；或是獨自從長春祠走到天祥，感受獨行時的寧靜與自得。即使後來離開很久，在都市闖蕩、走訪國際各城市，這一路上對花東一直有很深刻的念想，花東在我心中始終有一個特別深刻、屬於它的位子。

當我開始接觸推廣台灣觀光的工作，邀請原住民藝術家到世界各地分享台灣文化，從推展過程中，感受到原住民在詮釋台灣新文化時所扮演的重要角色，加深了我對花東文化及美好事物保存的使命感，看見且感受到與一般觀光客不同視角的花東圖像，激起想要捍衛這片土地的心情。但面對時代的衝擊，花東那份無可取代的文化逐漸消逝，有一種發自靈魂深處的內心呼喚，默默的告訴我自己，當有一天可以放下商務工作時，我將把餘生奉獻在花東這塊土地上。

2007 年，我邀請一群媒體及藝文界的好友，進行了以台東為起點、一路往北走的花東慢遊團，最初的願望是找一所廢棄學校，連結我與藝文界的人脈，辦一個以凸顯花東原住民特色的魔法學校，沒想到 2009 年八八風災重創台東，像是再次對我深深的呼喚，促使我直接進入災區實地了解，沉思許久，危機就是轉機，因此下定決心成立公益平台文化基金會。

在我身邊有一群夥伴，長期持續關注台東，讓我有幸可以一路看著台東改變，譬如鐵花村音樂聚落、東河鄉阿美族編織藝術家龍惠媚的棉麻屋、成功鎮比西里岸、長濱鄉特色民宿與無菜單料理、池上穀倉藝術館等蓬勃發展，當然，每年在鹿野高台舉辦的台灣國際熱氣球嘉年華，也是改變過程中的一項指標，是讓大家看到台東的重要國際活動。

歷年來，我參與過很多國際活動，我認為有些活動是包裝過程中的手段，但最終目的應該是走出自己的人文特色及永續經營的路徑。熱氣球嘉年華就是這個過程中重要的手段，迄今十年有成，也的確讓更多國內、外旅人認識花東的美好，隨著 COVID-19 新型冠狀病毒疫情持續延燒，值此熱鬧炫麗轉趨平靜的當下，或許正是我們應思考台東未來該走向何處的時機。台東人才如何帶著自身的文化認同，與國際發展兼容並蓄，以及如何邁向永續，將是我們共同的課題。

面對台灣最後一塊淨土的我們，猶如一位裁縫師，面對同一塊布料，當使用不同的剪裁方式、打樣手法，甚至不同定位的思考，就會決定一件服裝的不同價值。願我們用更珍惜的心伴護著它，成為台灣永遠的驕傲。

序

台東，值得更好

台東縣縣長 饒慶鈴

踏進藤籃，頭頂上燃燒器的熱浪撲面而來，等到站穩腳步，一陣微風般的搖晃，雙腳感覺好像被巨人的大手往上輕輕一托，這是我第一次在台東搭乘熱氣球升空。

熱氣球帶著我往藍天白雲的方向飛過去，忍不住往藤籃外看，放眼望去，先是看到屋頂、樹梢；高度再往上，腳下的建築物像照了縮小鏡一般，變得渺小又可愛。

這時，視角也漸漸從平視轉為俯瞰，台東的山水就這樣映入眼簾。草是綠的、水是藍的、山是綠的、海是藍的，眼前所看到的一切都是這麼純淨，沒有汙染、沒有工廠，台東縱谷的美，讓人發自內心想要保護這份純淨，讓人捨不得破壞這片土地。

每個人都應該試試這種體驗，換個角度，重新認識自己居住的土地，重新找回對這片土地的愛，因為有愛，願意讓它擁有更好。

十年前，台東縣政府選擇發展熱氣球，縣政府團隊過關斬將，克服層層挑戰、草創時期的辛苦，為了活動的完善，過著早出晚歸、與家人聚少離多的生活，我想可能與一般公務員所期待的安穩生活截然不同，但是他們做到了，因為，他們不是為自己而做，而是為了這片土地、為了台東而做。

2020 年突如其來的新冠肺炎疫情，打亂了全世界每個人的生活步調，沒有一個國家舉辦熱氣球嘉年華，國內的大型活動也一個接著一個取消。但台東不一樣，我們如常舉辦熱氣球嘉年華活動，而且順利結束。如果只是為了台東縣政府，我想，說不辦是最容易的事，在當時的社會氛圍中，縣政府團隊也不會被抨擊。

可是，我們沒有選擇那條簡單的路，縣政府同仁與我一起盤點資源與能量，思考對應的策略，評估所有的可能性，同時也承擔一切的批評與質疑。因為，我們所想的不是自己，而是台東這麼多嗷嗷待哺的業者，還有背後的家庭，如果沒有熱氣球，影響之大可能連生計都會出問題。正面迎戰的勇氣，來自於對台東的愛，台東人值得更好。

另外，我們也想讓世界看見台灣在因應疫情挑戰時的精神，因為擁有人們團結合作的支持，以及面臨困境的勇氣，我們才能過著如常的生活，而這份愛與希望，但願能透過熱氣球的翱翔，傳達到世界每一個角落。

起初，台東鄉親用開放的心迎接熱氣球的到來，熱氣球也回報給台東人從來沒想過的繁榮。熱氣球讓台東找到自己的定位、確認自己的節奏，接下來，我們將以它為核心，將台東不同族群與文化的理想整合起來，用創新的思維來挑戰各種可能性。

台東的未來，還請大家拭目以待。

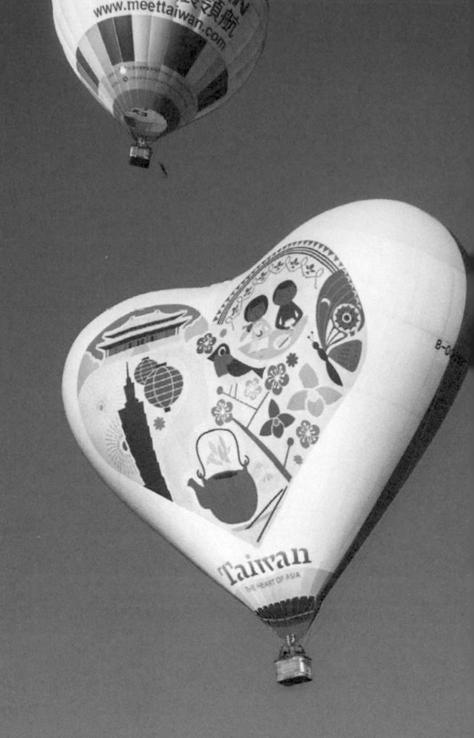

楔子

台東，
不只是台東

十年的醞釀下，
熱氣球嘉年華活動彷彿帶領著台東，
展現出宛如新生的跳動生命力，
不僅讓台東變得不一樣，
更讓台東，不只是台東。

台東縣，全縣僅 21 萬人，是全台人口數最少的縣市，其中有 3.4 萬人是 65 歲以上的老年人口，家戶可支配所得全台最低，只有台北市的一半。在這個原本終日為生存拚搏、幾乎不可能翻身的城市，卻透過熱氣球改變了看待自己與故鄉的方式，也改變了他們思考未來的角度。

從一到無限大

台東縣縣長饒慶鈴驕傲的說：「熱氣球讓人們對城市有一種光榮感，讓很多人看到台東，這件事情從零到一，是很難做到的，但是台東成功的做到了。」

在熱氣球的前一個階段，饒慶鈴暱稱它為「熱氣球 1.0」，當時身為台東縣議會議長的他，看著熱氣球從零開始，在縣政府全體團隊的努力下，從零到一將這個夢想實現出來，他說：「草創階段肯定是最辛苦的。到我接手後，我認為是熱氣球 2.0 時代的來臨，我們必須讓它從一到無限，甚至賦予一到無限的永續性，以及思考它如何承載更多的可能性，這是接任者的責任。」

饒慶鈴用「載體」兩字來形容熱氣球，他認為，熱氣球就像一條高速公路，早期的高速公路沒有車上去，因為出口不多，通往的地方有限；可是現在不一樣了，這條高速公路開闢了通往不同方向的出入口，可以讓各地車輛上來，開始變得有來有往，載體也變得更豐富。

「當它是一個載體的時候，我們就要想法設法讓它愈來愈有厚度，誰要上這條高速公路都可以，不限制任何想像，希望透過熱氣球這個載體應運而生任何可能，」饒慶鈴進一

更多精采影片

高度 2500 呎的夢想 -
台灣國際熱氣球嘉年華十週年紀念影片

步舉例，譬如 2021 年，台東縣政府與台灣三麗鷗合作，出資製作全世界唯一一顆 Hello Kitty 熱氣球，而且身穿有台東在地風格的布農族服裝，等於是為台東、也為原住民文化開啟了一條通往國際舞台的道路，「布農族就可以透過這樣的連結來思考，未來有什麼樣的可能性能夠發揮。」

內化成為台東精神

饒慶鈴強調，熱氣球比較像是橫空出世在台東，異國色彩濃厚，現在台東縣政府著手將熱氣球與台東元素結合，讓它落地生根，內化成為真正的台東精神。

回想這十年來的歷程，從原本單純尋求中央補助活動，活絡地方經濟發展的初心，慢慢成為促使法令修正、扶植新興產業的關鍵推手，進而帶領台東走向蛻變轉型的道路，城市變得更加生氣蓬勃，觀光產業興盛發展，活絡其他產業發展，提升城市競爭力。

更重要的是，台東人變得更有自信心去愛自己的故鄉，帶著一股彷彿熱氣球飛翔在空中，面對未知挑戰與危機的精神，去擁抱創新思維、無懼改變衝突，大膽做夢、勇敢實現，並內化成台東人的 DNA，促使城市源源不絕的進步。甚至，熱氣球也帶著台灣走向國際，以軟性幸福代表希望的訴求，與全世界交朋友。

饒慶鈴說：「如今，我們正站在啟動熱氣球 2.0 的關鍵點上，未來會慢慢每年加一點驚喜與改變，希望二十年之後，台東的熱氣球能夠在全世界的熱氣球活動中，占有一席獨特且重要的地位，讓世界因為熱氣球看到台灣，發現台東的美好。」

2020 年，新冠肺炎疫情肆虐全球，世界各國的經濟及觀光活動幾乎全部停止，台東卻力排眾議，扛起社會大眾的擔憂，決定舉辦全世界唯一的國際熱氣球嘉年華。饒慶鈴說：「因為我們已經盤點過各種不同狀況，做出最壞打算，即使疫情升溫，不能群聚，還是可以運用科技，把熱氣球代表的希望與愛，傳達給全世界。」

而這個決定，不只為台東寫下全球唯一熱氣球活動的世界紀錄，更是創下整整 51 天零確認、零感染，遊客人次從 99 萬推升到 120 萬，成長 25% 的好成績，以及 Booking.com 評選台東是全球最好客目的地的第一名，饒慶鈴興奮的說：「我覺得台東縣政府真是太了不起了。」而來自全世界情義相挺的熱氣球飛行員家族，也透過影像紀錄及社群媒體傳達到世界各地，讓國際社會看到台灣展現出來的正面能量。

如同饒慶鈴在閉幕光雕音樂會中感性的分享：「十年前，是熱氣球帶給台東希望。十年後，台東有社會責任，在十週年的這一年，將滿滿的正能量帶給台灣，為全台灣帶來希望。」

■ 台東縣政府希望透過熱氣球，將正能量與希望帶給全台灣。

夢想的推手

起飛

第一部

擺脫又老又窮的形象，

這座城市脫胎換骨，走向國際，

轉變，來自十年前，

那一個收到公文的下午……

第一章

2020 年全球唯一
國際熱氣球嘉年華

十年前，熱氣球為台東帶來希望。
十年後，在新冠肺炎疫情來襲的此刻，
台東要為台灣、為全世界帶來希望。

2020 年 7 月 11 日，微涼的清晨，薄霧繚繞著台東鹿野高台，天際的色彩從橘紅轉為淡藍，隨著一陣一陣轟隆隆的噴火聲，一顆顆原本平躺在高台綠色草地上的熱氣球，開始飄動、膨脹，也帶動周圍的人聲從低低絮語逐漸加大，一掃熬夜等候的困倦，高台上的情緒，在主持人的問候聲中，正式被點燃，這一刻，全世界都在看。

金黃逗趣的海綿寶寶、黑色帥氣的台灣喔熊、紫色可愛的小丑、齜牙咧嘴的怪獸，總共十八顆熱氣球，充飽了氣，精神抖擻的一字排開，隨著微風擺動宛如在跟現場民眾打招呼，迎接它們的是來自全台各地的遊客，許多人擠不上接駁車，即使步行一、兩公里也要結伴走上高台，在他們熱切的目光中，五顏六色的熱氣球破曉升空，將寧靜的台東縱谷點綴上繽紛的色彩——台灣國際熱氣球嘉年華（簡稱台東熱氣球嘉年華）正式開幕。

■ 立球中的熱氣球從平躺到站起，彷彿象徵台灣一定會從疫情影響中，擺脫低迷而奮起。

2020 年全球唯一的熱氣球嘉年華

這一年，新冠肺炎疫情衝擊讓全球各種經濟活動陷入停擺，台東熱氣球嘉年華成為全世界唯一照常舉辦的熱氣球活動，當台東縣政府宣布活動如期時，國內質疑聲浪不斷，連鹿野在地鄉親都不贊同，讓台東縣政府團隊感受到空前的壓力，但在縣長饒慶鈴指示下，團隊做了最壞的打算，也做足最好的準備。

當巨大且燦爛的熱氣球帶著台東人的無畏升空，也帶著「感恩、希望、正能量」的祝福升空，現場民眾忍不住擁抱身邊的家人、好友，珍惜這得來不易的慶典。這一幕，透過網路直播，傳遞到世界每一個角落，向世界宣告台灣防疫的努力，讓我們的生活能夠不被打亂，讓我們的日常更顯得彌足珍貴。

這一年，台東熱氣球嘉年華為期長達 51 天，前後共有三十七顆造型球來到台灣，其中十顆球還是首度在台亮相，有超過二十位國外飛行員不畏兩地隔離與外出限制，願意遠渡重洋，共襄盛舉。

■ 台東縣縣長饒慶鈴在開幕致詞中，感謝各界支持「2020 年台灣國際熱氣球嘉年華」順利舉辦。

這一年，台東熱氣球嘉年華吸引超過 120 萬人次造訪，旅宿業訂房率全國最高，創下觀光產值超過 30 億元，帶動台東整年度觀光人次突破千萬，更一舉拿下知名全球線上訂房品牌 Booking.com 評選的 2021 年「全球最好客目的地」第一名。這一年，也是台東熱氣球嘉年華誕生的十週年。

十年磨一劍，這一把利劍出鞘，替因疫情煩悶已久的人心帶來希望，也為沉寂多時的台東經濟帶來曙光。之所以在各界質疑眼光下做出這個決定，並非意氣之舉，而是一股底氣，這股底氣讓台東縣政府團隊深信：無論處於多麼艱難的狀況下，只要齊心協力，台東人還是能翻轉劣勢，克服難關，十年前是這樣，十年後的今天也是如此。這股底氣醞釀的源起，要從十年前說起……

第二章

一張公文，引領台東精采十年

一位公務員的轉念，一張來自中央的公文，
開啟台東十年翻轉之旅。

「2009年，我擔任台東縣縣長時，台東真的是又老又窮，貧困就像是台東的代名詞，因為沒有什麼就業機會，人口嚴重流失，整個台東可以說看不到盼望，」前台東縣縣長黃健庭回憶，當時台東街頭鮮少大型開發建設，低矮的平房坐落在寧靜但寂寥的街道上，路上行走的居民都有著相似的黝黑面孔與一雙粗糙的大手，這是連年耕種、風吹日曬所留下的印記。對當時的台東人來說，台東安靜的幾乎要讓人窒息。

之所以如此，跟台東地理環境的劣勢，有著密不可分的關係。

台東面積占全台灣十分之一，是第三大縣市，南北狹長，往來聯繫費時費力。往北距離台北足足有325公里；往南走，距離高雄也有超過165公里，若從台北開車到台東，即使不塞車，也要花半天以上的時間，就連從台東最北往最南開，也要花三個半小時。

從地形來看，台東東邊緊臨太平洋，西邊是險峻高聳的中央山脈，完全阻擋了往西發展的任何可能，惡劣的地理環境限制，讓位處台灣後山的台東，在十年前的各種正面指標排名皆敬陪末座，城市中就業機會少，青壯人口快速流失，

■ 因地處邊陲，台東雖能保持純樸風貌，卻也陷入競爭力低落的窘境。（攝影／高信宗）

紛紛往大都市尋找就業機會，「好山好水好貧窮」竟成為台東最廣為流傳的代名詞。

某一天，一位任職台東縣政府城鄉發展處未滿兩年的科員收到一紙公文，不曾想正因這份公文，終於打破了台東產業發展近乎死水的僵局。

差點錯過翻轉命運的機會

「黃縣長上任之後，在許多場合都跟府內同仁強調：台東是個貧窮的縣市，財政拮据，你們一定要把握任何向中央爭取補助經費的機會，」時任城鄉發展處科員、現任台東縣政府財政及經濟發展處科長高宇徵說，「所以當我第一次看到國際貿易局傳來的會展產業補助計畫公文，心裡真的是憂喜參半。」

喜的是，這是一個有錢可拿的競爭型補助計畫，補助地方政府發展會展產業，入選前三名可以獲得國貿局補助 900 萬元，對台東沉痾的財政困境無疑是荒漠甘泉；但憂的是，

■ 2011 年在台東舉辦的國際空域活動研討會，邀請各國發展空域觀光的人士齊聚一堂，探討相關議題。

一般講到會展產業，通常是出現在大都會地區，比如辦大型會議、展覽，高宇徵說：「當時覺得國際會展產業好像跟台東沒什麼關係，我們對這個領域也很陌生，不知道有沒有能力去做這件事情，甚至懷疑到底要拿什麼去跟人家比？」

接連的問號與自我懷疑，讓高宇徵猶豫了好多天。黃健庭事後回想，感慨的說：「能走上這條路真不容易，依照公務員習慣，這張與台東格格不入的公文，應該會被默默存查掉，收進抽屜的最深處不見天日。」可是，收到公文的承辦人員高宇徵，單純因為長官說「不可以放棄任何一個機會」，就真的將公文一路簽辦，往上陳核，黃健庭說：「如果沒有他、沒有那張公文，台東可能現在還是一個鳥不生蛋的窮鄉僻壤。」

關於這點，高宇徵彷彿有一種無心插柳柳成蔭的感受，笑著說：「其實當時我才剛踏入公職，什麼都不懂，很怕沒簽辦這份公文，被發現後會有懲處，所以只好半推半就的試看看，帶著一種自我懷疑的心情，硬著頭皮去提計畫。」也許是初生之犢不畏虎的勇氣，也許是新手上路的運氣，更有可能是新人傻呼呼的一腔熱血與憨膽，台東，就這樣開啟了翻轉前哨戰。

從會展產業切入，找到改變的契機

台灣早期，物資及外匯缺乏，台商為了拓展海外市場，一卡皮箱跑遍天下，參加全球大大小小的會議展覽，展現全球搶單的貿易活力，也讓經濟部國貿局注意到舉辦、發展會展產業，有助於帶動國家與城市的經濟、文化等層面發展，產生樞紐機制帶動周邊相關產業。

總統府財經諮詢小組在 2009 年規劃「啟動台灣經濟轉型行動計畫」，將「會展」納入十大重點服務業發展項目之一。因此，國貿局從該年度開始，便積極推動「台灣會展躍升計畫」，希望打造出具有國際吸引力與競爭力的會議展覽環境，創造更高的產業價值。

不過，光是喊口號無法真正嘉惠到地方產業，尤其當時各地方政府對於會展產業並不了解，也無法掌握當地發展特色，因此，國貿局向全台各縣市發出試辦計畫的競爭型補助案公文，就是希望地方政府邀請學界及中華民國會議展覽協會一起合作，針對當地會展產業的發展，提出具體可行的研究及執行計畫。

補助案分為兩階段，第一階段從參賽縣市中選出前六

■ 2011 年第一屆台灣國際熱氣球嘉年華在鹿野高台舉辦，邀請在地團體演出。

名，可以獲得國貿局補助 60 萬元研究經費，進一步邀請產業及學界共同投入，針對初選所定方向進行探討，訂出具體執行策略。進入第二階段評選後，再從這六個縣市中選出三個城市，補助 900 萬元，做為隔年落實計畫案的經費。

既然決定要爭取中央補助，高宇徵開始思考，台東究竟有什麼優勢？台東雖然是農業大縣，但包括飛行傘、自行車、鐵人三項、浮潛、衝浪等多樣以大自然為背景的休閒運動產業，早已逐漸在當地萌芽。地處偏鄉、都市化發展緩慢的劣勢，卻也為台東保留了豐富純淨的自然環境，反而是與其他縣市相比最與眾不同的優勢所在。因此，高宇徵決定以運動觀光休閒產業為主軸，擬訂計畫內容。

提案初期，沒有資源、沒有經驗、沒有人脈，高宇徵只能單打獨鬥，拿起電話一個一個聯繫專家學者，邀請他們來為台東背書，並獲得中華民國會議展覽協會的支持，當時協會理事長還是前長榮航空發言人、現任星宇航空公關長聶國維，成功通過第一階段門檻後，取得 60 萬元的研究經費。

此時，高宇徵終於有了一點信心，與負責承辦的康寧大學休閒管理學系黃慧琦老師，在中華民國會議展覽協會的協

■ 台東擁有得天獨厚發展空域觀光的條件，十年前就已經開始發展飛行傘運動。（攝影／高信宗）

助下，於台北世貿中心舉辦「台東以運動休閒觀光發展會展產業的潛力」圓桌論壇，邀請產官學研各界進一步討論，如何將台東在地特色與運動休閒觀光產業結合。透過此次論壇，台東縣政府希望獲得更多專家學者的支持與意見。

熱氣球是什麼？

一日，燠熱的盛夏午後，戶外街道上一片靜止，在台東縣政府的會議室中，一場討論會議也同樣陷入一陣沉默。參加會議的除了高宇徵及黃慧琦之外，還有當時的文化暨觀光處（曾更名觀光旅遊處，現為交通及觀光發展處，簡稱交觀處）處長陳淑慧、專員陳淑娟，他們討論的議題是：到底要用什麼為主軸，來爭取國貿局第二階段的900萬元補助經費？

「運動觀光休閒產業」早已定調，但台東相關活動有浮潛、衝浪、自行車、鐵人三項、飛行傘，該選哪一項？

若是水上活動，墾丁絕對占據多數人首要印象；自行車或跑步等運動，當時也在全台各地風生水起、熱鬧舉辦，獨特性不夠；那不如換個角度，從空中俯瞰台東縱谷美景，東邊是海、西邊有山，縱谷平原黃綠色稻浪搖曳，比起台灣西部景色，更具吸引人的魅力，而地點則是鎖定在鹿野高台。

事實上，當時由鹿野鄉公所主辦、在鹿野高台上的飛行傘活動——想飛的季節，已經邁入第十個年頭，新鮮感漸失，遊客人數不如以往，出現疲軟跡象，台東縣政府也早已開始思考如何在現有基礎上尋求轉型，想過用競技風箏、輕航機，但這些都在其他縣市出現過，熱氣球也曾經是選項之一，卻因為找不到第一桶金而遲遲無法啟動。

這時，黃慧琦和陳淑慧想到熱氣球，突然拋出一句：「那熱氣球呢？」此話一出，就像在會議中投入一顆震撼彈，大家先是一頭霧水，覺得既陌生又稀奇，經過消化之後，愈來愈覺得振奮，團隊決定先分頭研究相關法令及可行性，再來進行下一步。

「那時，大家只知道熱氣球是一種在天上飛來飛去的東西，」高宇徵笑說，「我們甚至天馬行空的想，如果熱氣球可以從綠島飛到台東，或者從台東飛到綠島，帶著宣傳會展活動的廣告，在天際間翱翔，一定很有看頭。」當時的他們完全不知道，熱氣球上沒有方向盤，風往哪吹就往哪飛，根本無法控制飛行方向，「現在回想起來，我們真的太天真，難怪連長官都覺得是天方夜譚，還念了我們一頓。」

看似瘋狂的熱氣球點子，雖然有些無厘頭，卻獲得黃健庭的青睞，成為該次提案的重點。

以熱氣球為主軸，結合在地特色

當時的計畫書以熱氣球為主體，發展出四大主題活動。首先是召開熱氣球城市高峰會，邀請十個國家，共約三百人與會，試圖將台東熱氣球活動與國際串連；重頭戲則是熱氣球嘉年華，現場舉辦高空婚禮、音樂會、攝影比賽等活動；另外還有針對即將到來的民國百年所設計的百年禮讚，希望從熱氣球上空拍，記錄下台東萬人躺下排列出「100」的畫面，搶占媒體版面；最後則是將台東本就有的飛行傘活動，加入熱氣球體驗，緊扣台東在地特色。

黃健庭甚至親自帶隊參與最終評審會議，感性鋪陳一句：「我們是很窮的績優生。」立即擄獲現場評審委員的心，將目光聚焦到這個鮮少出現在中央補助經費角逐名單的末段生。陳淑慧分析：「以前提起會議展覽，大家會直接聯想在大城市舉辦、大型室內活動，沒有人想過把會展拉到戶外舉辦。」或許正因如此，讓評審覺得台東縣政府的點子十分創新有特色，還建議集中預算擴大舉辦，最好年年固定辦理。

最終，台東的「熱氣球嘉年華暨城市高峰會」計畫擊敗台中市、高雄市等其他對手，獲得國貿局「補助地方政府發展會展產業方案」評定為第一名，並取得900萬元補助，也成為支持熱氣球嘉年華活動舉辦的第一桶金。

■ 2011 年第一顆在台灣升空進行自由飛的熱氣球。

第三章

從無到有，打造在地幸福感

第一屆熱氣球嘉年華活動結束，並不是終點，
而是為熱氣球產業在台東落地生根開啟另外一扇窗。

在熱氣球嘉年華出現之前，台東縣的財政困境有多糟？2014 年《商業周刊》公布一項與財政專家合作，針對全台各縣市財政狀況進行調查，發現台東縣的「財政昏迷指數」，從 2002 ～ 2004 年的 2.7 上升到 2014 年的 4.4，是全國進步第一名的城市；此外，根據 2009 年主計處公布的一項數字顯示，台東的低收人口占 4.57%，全國最高；身障人口 8.76%，也是全台之冠；家戶所得 66.75 萬元，和全國平均值 88.76 萬元，足足差了 22 萬元。

熱氣球與台東，完美組合

在資源如此貧乏的時刻，國貿局補助的 900 萬元，無疑是天降甘霖，也讓甫上任的台東縣縣長黃健庭，與剛接手主掌觀光的觀光旅遊處處長陳淑慧，找到台東縣發展的一線生機。黃健庭思考：「如何透過創新，真正走出一條屬於台東的路？」陳淑慧也企圖在擁有豐富自然觀光資源的台東，找到能夠吸引遊客「非來不可的動機」，這時，熱氣球剛好來敲門。

2011 年 7 月 1 日清晨，第一次有熱氣球在台灣土地上

■ 2011 年台灣國際熱氣球嘉年華活動結束之後，前台東縣縣長黃健庭（左五）決定要讓熱氣球在台東合法生根。

展開、站立並升空，整個活動期間，台東鹿野高台上總共出現十幾顆不同顏色與圖案的熱氣球，雖然當時尚未引進造型球，不過，上圓下窄的熱氣球標準球，既可愛又迷人，宛如一盞盞倒懸的燈泡，將鹿野高台的藍天綠地，妝點得十分繽紛亮麗。

其實，第一屆熱氣球嘉年華暨城市高峰會舉辦時，知名度並不高，但因為是台灣首次引進熱氣球，各媒體都大幅報導，進行到第五天的時候突然竄紅，人氣爆棚，天還沒亮就有組團來的攝影愛好者，扛著大砲鏡頭上到高台，徹夜守候，就是為了搶拍台灣難得的限定畫面。開往台東的夜車及各列車幾乎班班客滿，遊客不是買不到車票得取消住宿，就是買到車票卻訂不到住宿，甚至得先轉車到花蓮，一大早再趕往高台。

雖然熱氣球活動在全世界已經舉辦數十年，但是，外國人對熱氣球的「常識」（譬如只有清晨、黃昏、要有微風才能飛行；熱氣球不能控制方向、只能控制高度；熱氣球飛行員在飛行時會故意碰觸樹梢及水塘，增加乘坐時的趣味性），在台灣卻是人人要學習的「知識」，誤以為只要到鹿野高台，24 小時都可以在天空中看到熱氣球，可以隨時想飛就飛，可以原地起飛與降落，飛行期間碰觸到東西就是「空難」，很危險。

撲空的失望感，造成民眾抱怨；因為不理解而產生的問題，讓遊客擔憂；這些問題都讓首次承辦熱氣球嘉年華的台東縣政府交觀處同仁備感壓力，但也同時積極的與民眾溝通，化解誤會。

陳淑慧說：「有了第一屆的經驗，我們之後便針對國小學童及觀光業者，開辦熱氣球巡迴講座，讓更多人能夠成為解說種子，台東縣政府也建立熱氣球嘉年華粉絲專頁，增加與民眾之間的對話機會。」

■ 前台東縣觀旅處處長陳淑慧（第二排站立左四穿藍衣者）在推動熱氣球合法化的過程中，占了極為重要的角色。

即使大小困境不斷，但令人意外的是，原本預計執行為期 9 天的活動，因為太受歡迎，使得當時縣政府祕書長陳金虎當機立斷，請縣政府團隊緊急商請國外兩顆球及兩位飛行員延長停留時間，多待一個月。這一個月中，雖然鹿野高台上只有一紅一黃的兩顆標準球，但依舊人氣不墜，吸引 35 萬人前往朝聖。

回想起第一屆熱氣球嘉年華，黃健庭坦言，自己當時對熱氣球一竅不通，全權放手讓縣政府團隊執行，開幕第一天，他初次看到五彩繽紛的熱氣球飄揚在台東鹿野高台上，至今仍然難忘當下的震撼：「哇！很絢麗、燦爛。真的，我的感覺是『熱氣球與台東就是一個很完美的結合』，就像男女朋友在第一次邂逅之後，發現彼此是完美的組合，我當下便決定要好好的擁抱熱氣球。」

讓熱氣球在台灣合法生根

經過這次成功的活動經驗，讓黃健庭清楚意識到，熱氣球嘉年華絕對不能只是一次性的活動，否則 900 萬元就像放煙火一樣，一下就燒完了，應該讓熱氣球在台東生根，才能將台東與熱氣球這對絕佳組合發揮出最高效益，讓台東產業真正受惠。

「台東沒有時間再浪費，」2011 年熱氣球嘉年華結束後，黃健庭馬上做出三個關鍵決策：買球建機隊、參訪日本佐賀、徵詢民航局尋求法制化。

接到縣長指示的陳淑慧立刻開始動起來，他認為：「蹲低馬步才能扎得穩，蹲低才能跳得高。」不光是說，陳淑慧帶著縣政府團隊放低身段，努力學習熱氣球知識、拜訪中央部會、尋求企業贊助、傾聽地方聲音。其中，首要也是最重要的，就是先讓熱氣球在台灣合法化，才能讓後續活動在合法、安全的基準線上鋪展開來。

陳淑慧強調：「任何活動一開始不可能百分之百完美，

這是事實，但是公部門行事有一條不能打折的底線，那就是『遊客安全』及『百分之百合法』。」

當時，台東縣政府團隊判斷熱氣球的主管機關應該屬於民航局，行動派的陳淑慧馬上帶著團隊多次北上與民航局開會，迫切希望盡早確認熱氣球與飛行員兩大關鍵法源基礎。

密集拜訪民航局

2010年，為了不使第一屆活動開天窗，台東縣政府一次又一次前往民航局問東問西，甚至因為聽不懂航空專業用語，拜託民航局用淺顯的白話文，方便縣政府同仁理解與遵循，好不容易第一屆辦完了，沒想到台東縣政府又拋出另一個需求，那就是自行添購國籍熱氣球，並培訓飛行員。

三年下來，台東縣政府和民航局開了近百次會，「簡直就是糾纏到底，」陳淑慧笑著說，每一次開會，民航局都派出幾十個人出席，因為台東縣政府每一次的要求都不同，當時民航局標準組組長張羚悌還直接問：「你們到底要什麼？」陳淑慧也直接表達：「要有法可遵循，讓台灣可以自有熱氣球及飛行員。」

■ 時任交通部部長毛治國（左一）協助台東縣政府與民航局溝通，努力推動熱氣球相關法規。

■ 熱氣球地勤工作在整個產業鏈中十分重要，起初多虧有國外飛行員協助，台東縣政府才能逐漸建立地勤標準作業流程。

這一路走來，民航局提供了非常多的協助，對於台灣熱氣球的相關法規，也在三年內完成修訂，陳淑慧笑著說：「他們後來沒有在門上寫『禁止陳淑慧進入』，已經算對我們很寬容了。」

「我後來才發現，原來台灣沒有熱氣球是有原因的，」黃健庭透露，全世界的熱氣球活動明明早就發展多年，相當成熟，但可能因為台灣的空軍認為，我國領空小，不希望熱氣球成為一項干擾因素，才一直沒有積極推廣。

此外，民航局主管著幾千億資產的航空公司，相較起來，熱氣球造價不算高，卻也是航空器的一種，要做相同的空域管制，在相關法令尚未建立前，台東縣政府就希望第二

■ 2012 年 4 月 11 日台東縣政府舉辦熱氣球飛行員出國記者會，時任縣長黃健庭（中）特地前往為即將出國受訓的飛行員打氣。

年（2012）舉辦時要有自有球及飛行員，需要配合修訂的法令時程太趕，且民航局也非核定的主管機關，在心情上難免覺得窒礙難行，而預先拋出需要解決的問題。但是沒想到台東縣政府心意已決，可以說是「打死不退」。

為了讓隔年已經敲定時間的熱氣球嘉年華可以順利舉辦，前置作業不能再延宕，否則會影響活動時程，此時，黃健庭只好求助當時的交通部部長毛治國。

「當黃縣長來找我時，老實說，我猶豫過，但轉念一想，我信任黃健庭縣長，覺得他有能力與誠意把這件事情做好，因為在台灣，很多東西都是先發生變成事實，然後再尋求法制化，但台東並沒有這樣硬來，足見黃縣長的決心與承諾，」毛治國回憶當時情況，進一步表示：「其次，在我任內，交通部對於弱勢縣市的補助力道只會大不會小，所以我就決定支持台東縣用熱氣球走出自己的路。」

但毛治國也坦言，熱氣球在台灣根本找不到先例，因此，對公務體系來說，要引進一個全新的東西，建立一套全新的管制法令，通常難度很高，他認為：「有時候，不見得是部長位階高、學問大，就能說服得了底下的公務員。」因此，毛治國將雙方都找來，直接開會討論，溝通彼此的需求與難處，也回過頭要求台東縣政府協助民航局，蒐集國外熱氣球的相關法令，讓民航局可以更快速掌握狀況。於是，在短短三年內，民航局修訂九項法令，讓熱氣球正式在台灣合法化。

飛行員的魔鬼訓練

讓熱氣球合法化只是第一步，如果想將活動有聲有色的一年接著一年辦下去，勢必得準備好專屬戰隊，並累積作戰能量。從第一屆原本預計舉辦 9 天，後來延長至 46 天仍深受歡迎的程度來看，熱氣球嘉年華活動想延續整個暑假，並非是一件不可能的事情。

可是，從現實面來看，放眼世界各地的熱氣球節，平均為期約 7 天，最長頂多 14 天，如果台東想一口氣就辦超過 50 天的嘉年華活動，意謂著可觀的經費支出。

「這將是一場人力及物力的大規模消耗，」黃健庭透露：「每一次邀請國外飛行員來，人員的出差費用、球的運費、落地接待，加上如果邀請造型球來台還要出場費，一顆造型球每天只要在高台上露臉，就要收費近 300 美元。」就

■ 熱氣球活動的地勤工作十分辛苦，需要搬運笨重的藤籃及動力裝備。

連國外飛行員聽到台東熱氣球嘉年華活動要辦超過 50 天以上，都直呼：「你們瘋了嗎？」

把熱氣球植入台東人的 DNA

與其把命運交付在他人手裡，由別人坐地喊價，黃健庭決定，即使台東財政非常困難，還是要咬牙建立屬於自己的熱氣球機隊，包括購買國際認證的熱氣球，然後編預算展開全國徵選，由台東縣政府出資，送適齡且有意願的年輕人到美國受訓，取得美國飛行證照後回台。

首批飛行員全國徵選就在 2011 年展開，台東縣公開向全國喊話，只要年滿 20 歲的年輕人皆可報名，由縣政府出資補助，前往美國受訓考照，結果共有五位飛行員成功取得證照，其中不只有曾到世界各國當熱氣球地勤志工、一心一意想當飛行員的追夢人，還有女性、執業醫師以及縣政府的熱氣球承辦人員。

■ 在熱氣球飛翔時，地勤人員需要隨時在地面提供支援。

陳淑慧有點不好意思的笑說：「我們的熱氣球承辦同仁吳稚偉，原本專業是音樂，而且還有點懼高症，但為了讓他更熟悉自己的業務，只好半強迫他去考飛行員證照。」

不過，也有人是早就在等這個機會。陳淑慧說，有爸爸帶著孩子來說，已經把考照費用都存好了，還請英文家教補強語文，只希望孩子能夠去受訓；也有人愛熱氣球愛到願意飛到世界各國去當地勤志工，次數頻繁到全世界飛行員都認識他，就為了等一個能在台灣飛熱氣球的機會。

陳淑慧坦言，美其名是台東縣政府幫他們付學費，實際上他們回國後還要用義務飛行場次來償還，所以應該說是「先借學費」。

第一批飛行員在第二、三屆的台東熱氣球嘉年華中，幾乎都是以副駕駛的身分，跟著國外飛行員飛球，累積飛行時數。而且，在陳淑慧的要求下，飛行員不只要會飛行，還要十八般武藝樣樣精通，包括氣象知識、空中攝影、導覽解說、媒體公關應對等技能，通通都要學，他認為：「因為我們的藤籃比較小，一次升空只能載四、五個人，如果飛行員不能身兼多職，那一顆球的效益就太小了。」

事實上，當台東的熱氣球嘉年華剛誕生，鄰近的日本佐賀國際熱氣球嘉年華（Saga International Balloon Fiesta）已經要邁入近三十五個年頭。據說，佐賀當地有個有趣的現象，小孩子一生下來，除了會喊爸爸媽媽之外，接下來會講的字就是「balloon」。顯見熱氣球文化已經深入佐賀人的DNA。因此，黃健庭也帶著縣政府團隊前往佐賀考察，希望能吸取國外的經驗。

在考察期間，縣政府團隊除了在佐賀親身感受到上百顆熱氣球齊飛的視覺震撼之外，也仔細觀察他們如何設計親子遊憩空間，搭配熱氣球遊程；如何結合當地農特產品，協助在地民眾展售；甚至首次親眼目睹熱氣球搭配光雕音樂會的魅力。這趟取經之旅，讓台東縣政府團隊對於接下來如何將國際熱氣球的經典元素，與台東在地的自然特色結合，有了更具體的方向。

世界都說「讚！」的地勤部隊

當熱氣球升起，遊客在空中飽覽美景的同時，也別忘了還有一群地上的工作人員，他們可沒閒著，一組至少四個地勤人員（有些大型造型球甚至需要十幾位地勤人員），必須駕著貨車在陸地上追著球跑，靠無線電與空中飛行員保持聯絡，預判最佳的降落地點，有時候飛行員還會從藤籃中丟下繩子，由地勤人員從地面上拉繩，引導熱氣球轉向到比較好的落點；等球落地之後，地勤人員趕緊上前，把巨大的球皮鋪展開來，摺疊收好，最後合力把重達兩百多公斤（或更重）的球皮、藤籃、燃燒器及燃料鋼瓶放上貨車，載回飛行基地。

地勤人員必須熟悉台東地理位置與熱氣球行徑路線，而

■ 收球是一項工程耗大的工作，除了地勤人員之外，有時也會號召現場民眾協助。

且還要有相關知識的專業訓練，更要有體力。因此，台東縣政府在地勤人員的招募上，也與國際其他熱氣球活動截然不同，捨志工改為有薪雇用。

陳淑慧分析:「為了應付短短兩個月內暴增的人力需求，找志工風險太高，主要是因為在都會地區容易找到志工，但在台東很難，加上志工如果來自外地，還必須考量住宿接待及津貼補助的需求，也是另一筆支出。」

除了這些因素之外，其實，陳淑慧還有自己的私心，他說：「熱氣球嘉年華剛好辦在暑假，我希望能把這份打工機會留給台東外出就學的孩子們，讓他們暑假想打工，剛好家鄉就有機會，而且還能回家讓爸媽瞧一瞧。」

熱氣球的地勤工作是一門專業，尤其剛開始什麼都不懂，一切都要從頭摸索，最佳的學習對象就是國外飛行員，「我們的地勤人員剛開始英文不好，很難跟國外飛行員溝通，初期都用肢體語言交朋友，但到最後甚至能扮演起稱職的觀光大使，讓國外飛行員愛上來台東，」陳淑慧感動的說，而且有些地勤人員是農閒的在地居民，為了讓地勤工作更順利，願意主動學習英文，便於了解更多地勤工作需要注意的事項，以及如何才能正確協助飛行員，最終摸索出一套標準作業流程，使得台東熱氣球嘉年華的地勤人員，受到世界各國飛行員異口同聲的讚美。

天天檢討，第一時間掌握問題

熱氣球給人的印象是浪漫與夢幻，但對力求逆境中翻身的台東來說，只能用最務實的態度，將這份上天給台東的禮物發揮到最大效益，成為台東觀光的火車頭。

「我知道事情沒有一開始就是一百分，因此，起初四屆熱氣球活動期間，我跟同仁會在每天活動結束後馬上開檢討會，匯集當天的感人故事，掌握遊客的反應，一有問題馬上處理，而且天天如此，」陳淑慧語氣堅定的說。

一上任就接下舉辦熱氣球嘉年華的重擔，陳淑慧一度忙到很少回家，被朋友笑說已經變成台東人，即使如此，陳淑慧還是受到不少責難，他說：「剛開始熱氣球嘉年華雖然暴紅，其實還是在蹲馬步的階段，並沒有足夠能量遍地開花，但縣議員並不領情，甚至責備說：『你是鹿野鄉的處長嗎？』」他也曾經因為無法提供公關票、鄉親票，讓時任鹿野鄉鄉長林金真遭受在地民眾的責難，使陳淑慧非常過意不去。

事實上，搭乘熱氣球每天名額有限，也可能因天候因素取消，若提供公關票，不但會造成遠來遊客排不到票，此例一開，也會影響熱氣球產業在台東的發展，使活動成為許多城鎮自辦自 high 的在地活動。

在陳淑慧心中，這些挑戰絲毫沒有拖慢他的節奏，因為他有一個夢想，希望透過熱氣球，讓國內外的遊客重新認識台東，感受台東質樸的美好；同時，也希望讓縱谷地區的孩子，比其他地方孩子多了一份「我懂熱氣球」的幸福感。

■ 透過熱氣球，台東縣政府希望能帶給所有孩子希望與幸福的感受。

第四章

創新與感動，寫下熱氣球奇蹟

熱氣球再吸引人，也會度過蜜月期，台東縣政府發揮創意，年年推陳出新，要讓遊客愛上熱氣球、黏上台東。

台東人真的很幸福！每年夏天，只要抬頭就有機會可以看到繽紛、多變的熱氣球飛越而過。

2019年，當28公尺高、頭戴灰色氈帽的梵谷巨大頭像，緩緩掠過台東縱谷，濃密的眉毛、充滿藝術靈魂的雙眼凝視著前方，就好像梵谷巨人漫步在台東的田園，震撼的畫面讓許多人印象深刻，這顆來自荷蘭的「梵谷球」，也奪下最受歡迎造型熱氣球票選第一名。

「當一個大家熟悉、喜愛的造型或是人物，被放大到超過10層樓高，而且還會隨風微微擺動的時候，那種讓人眼睛為之一亮的趣味性與驚喜，感受過便很難忘懷，這就是造型熱氣球的魅力，吸引力大到足以讓人年年都到台東來追球，」接下陳淑慧的棒子，前交觀處處長、現任參議的江慧卿強調，在他接任後，首要任務就是延續先前舉辦台東熱氣球嘉年華的熱度，然後精益求精，讓遊客愛上熱氣球，黏上台東，成為每年必走的旅遊行程之一。

於是，江慧卿帶領交觀處同仁，針對台東熱氣球嘉年華的主要客群：年輕人、親子及家族客層，進行深入研究，發現：大家都很喜歡造型球，甚至每年都會為了造型球而來，還延長停留在台東的天數，因此，江慧卿突破的第一步，就

2019 年首度來台的荷蘭梵谷球，在台東縣政府熱氣球嘉年華官方臉書粉絲專頁的票選調查中，勇奪最受粉絲歡迎的造型熱氣球第一名。

■ 來自日本的鯉太郎及章魚球熱氣球，外型鮮紅亮麗，十分吸睛。

是決定增加造型球的數量。

黑武士 vs. 尤達大師，難忘的經典造型球

於是，2013 年，遠從荷蘭來到台灣，高達 50 公尺，整個造型就是兩隻淡藍色褲管的「牛仔褲球」出現在鹿野高台上，同場較勁的還有灰黑色的飛碟球、酷炫的黑武士球、鮮黃色滿臉笑容的快樂鳥，以及全球首航的憤怒鳥（Angrybird），一波又一波的新球展示，讓台灣民眾看得驚呼連連，一口氣吸引超過 70 萬人次來到鹿野高台，親眼目睹這樣的奇觀。

隔年，造型球數量再增加，其中還有截至目前為止，來

■ 巴西的海綿寶寶球造型可愛，讓人一見嘴角不禁揚起。

台體積最龐大、唯一可以控制方向的熱氣球飛行船，當重達 900 公斤、藍白色的船身航過台東天空時，與台東明淨的藍天白雲相映成趣。

接下來，陸續開始出現許多外型相當逗趣的造型球，像是別出心裁的顛倒球，小孩最愛的交通工具系列：火車、賽車、消防車，還有來自日本、濃濃東洋味的鯉太郎與章魚球，讓到訪遊客的相機中留下滿滿的精采照片。

在 2016 年以前，每一年台東熱氣球嘉年華的造型球約在二十顆左右，自 2016 年之後，造型球數量逐年遞增，最多曾高達四十顆球，輪流在鹿野高台亮相，台東縣政府也愈玩愈大，甚至進行配對演出。譬如同樣來自於星際大戰的黑武士，就會對上尤達大師；一顆男孩球太寂寞，那就再邀請一顆女孩球；還有兩大兩小的蜜蜂家族排排站，話題性十足，又超級吸睛。

當造型熱氣球平鋪在高台綠地上，到場的遊客就已經開始期待，熱氣球大小不同，立球速度也不一樣。眼看著一顆顆造型球從平躺逐漸立起，現場相機快門閃個不停，也將遊客的熱度帶到最高點，更有人為此，光是一個暑假就跑了三趟台東，就怕錯過造成「遺球之憾」。

為了讓遊客掌握熱氣球的出場時間，2012 年開始，台東縣政府製作「追球日誌」；2013 年更有即時影像直播（live camera），遊客可以藉此了解高台的天候，避免空跑一趟，畢竟，熱氣球對天候十分要求。

在維持民眾新鮮感上，台東縣政府也會特別安排，嘉年華期間，每天都有七到十一顆造型球在高台值班，週週還有新球亮相。對此，江慧卿可說是煞費苦心，他說：「國外有一個網站，世界上所有造型球與球主都會上去登錄，我們就可以從網站上找到想要邀請的球，然後直接與球主確認時間與費用，多虧早幾年黃縣長與陳處長勤跑國外熱氣球節，很多球主對台灣都不陌生，願意帶著他們的球來台灣參加活動。」

不過，2015 年江慧卿剛接手時，也曾發生高台上沒球可看的窘況，「原來在國外，飛行員是想飛就飛，那一年我們不知道必須要求飛行員留下來，所以主持人一宣布活動開始，球就都飛光了，」江慧卿苦笑著說，當時現場超級尷尬，遊客只看得到草皮跟幾顆繫留球，大家都很傻眼。後來幾年有了經驗，台東縣政府就會限制飛行員，一週可以飛一次或兩次，但不能全部都飛出去，不然就沒球可看了。

太麻里光雕音樂會迎曙光

更多精采影片

2018 台灣國際熱氣球嘉年華閉幕光雕精華

當台東縣政府成功讓每年夏天造訪台東熱氣球嘉年華的遊客，都知道拿著追球日誌，前往鹿野高台欣賞每日不同造型球展演，並成為一股旅遊風潮之後，江慧卿與團隊開始把

■ 每年的光雕音樂會，總是吸引許多遊客參與。

MEET
TAIWAN
會展領航
TAITUNG
Visit Colorful Land
Chu Lu Ranch
F-HCDL

這股觀光熱度往外擴散。

2015 年 7 月 11 日，台東縣政府選在迎接全台第一道曙光的太麻里，挑戰首場曙光光雕音樂會，時間訂在凌晨三點半至五點半舉行，襯著豁達、自在的台東在地音樂，邀請現場所有遊客欣賞投射在熱氣球上的光影藝術後，再一起迎接曙光。

江慧卿分享當時的感動：「我自己是台東人，之前都是跨年去看太麻里的曙光，可是沒有一次如願過，沒想到第一次看到曙光，就是在那場曙光光雕音樂會上，看著太陽從海平面彈升而起，將遠處的海天都映照成橘紅色，搭配耳邊傳來悠揚的樂音，以及飽滿繽紛的熱氣球做為前景，真的非常夢幻，那種感動與悸動難以言喻。」

成功創造熱氣球話題

為了讓遊客在日夜顛倒的時段來參加活動，事前的準備可說是讓整個交觀處人仰馬翻。

「團隊一聽到要辦曙光光雕音樂會，第一個念頭就是太早起很累，」江慧卿笑著說，「可是沒想到，原來早起還不是最累的，當飛行團隊要把球載到沙灘上時才發現，上百公斤的球加上車子，一開進鬆軟的

■ 為了打響台東熱氣球的知名度，台東縣政府帶著熱氣球前往台北自由廣場辦記者會宣傳。

沙地，一下子就刁車了。」緊急脫困之後，還要場地布置，同時事前協調台鐵加開夜車班次，再加上接駁車，才能讓兩萬多名遊客，順利抵達美麗的太麻里沙灘欣賞熱氣球光雕，迎接清晨的第一道曙光。

若說台東縣政府團隊為了打響熱氣球嘉年華的知名度，鞠躬盡瘁、創意無限，絲毫都不誇張。不但邀請全球知名造型球來台，在凌晨時段舉辦曙光光雕音樂會，江慧卿說：「你有看過在城市街道上空飄過熱氣球的畫面嗎？在台東就曾經發生過。」

為了持續創造台東熱氣球嘉年華的話題，2013 年縣政府執行團隊首次在志航基地申請「城市自由飛」，但因風向不對只好放棄；2015 年再次專案申請，從豐年機場升空，飛越台東市上空，讓不少台東在地鄉親都嚇了一跳。江慧卿甚至帶著熱氣球移師台北，在自由廣場及國父紀念館舉行記者會，讓首都居民超驚喜。

母雞帶小雞，台東主動出擊拚觀光

江慧卿說：「接手這五年真的滿累的，剛開始壓力很大，戰戰兢兢，找創意想新哏，就怕把好不容易做起來的台東熱氣球嘉年華辦砸了。」

活動打下口碑，接下來，就希望把能量挹注到台東的觀光產業上。因此，江慧卿採用不同以往的策略，鎖定國外旅展，以母雞帶小雞的姿態，由台東縣政府出資租攤位，將精采的熱氣球、光雕音樂會、星空音樂會及其他台東特色觀光活動照片布置在攤位上，帶著台東的旅遊業者一起出國參展。

「淑慧處長主辦的那幾年，為了打響知名度，大多是帶

■ 十年台東熱氣球嘉年華，促成了許多良緣佳偶。

■ 來自比利時的黑武士球自 2013 年首度亮相後，吸引不少人氣，在 2019 年票選調查中榮獲最受歡迎造型球第二名。

著球及飛行員去國外，跟全世界的熱氣球飛行員交朋友，讓他們知道台東也有舉辦熱氣球嘉年華活動，也累積台籍飛行員的飛行經驗及視野；我接手後，就轉向針對我們的目標遊客，希望把熱氣球活動推廣出去，不是只有台灣人自己知道，」江慧卿把目標明確鎖定在距離台灣飛行航程約三小時可到的東南亞及東北亞國家，主動出擊，希望將國外觀光客帶進台東。

在交觀處兩任處長及工作人員的努力下，台東熱氣球嘉年華熱度逐年攀升，即使沒有花費太多宣傳費用，每年都吸引不少海內外遊客造訪。但是，到了第五年，媒體開始有點疲乏了，報導變少，遊客人數也出現下降的趨勢，江慧卿透露：「我們沒有多餘的預算來做宣傳，剛好遇上社群網路興起，縣政府團隊開始分工當小編，拍攝美美的照片上傳、分享趣味故事來經營社群，從開始的 2 萬名粉絲，到現在有破 16 萬人追蹤。」

2014 年首度亮相的斯洛伐克小丑造型球，帶著令人歡樂的微笑飛向天空。

用熱氣球說愛

在台東熱氣球嘉年華粉絲團分享的故事，都是真實發生在鹿野高台上的感動。

譬如時任交通部部長毛治國到台東搭乘熱氣球時，同在一個藤籃裡有一位視障乘客，為了圓夢，排除萬難也要來搭一次，毛治國說：「工作人員特地安排有人陪同一起升空，用口述轉達沿途的地景風貌，讓他能在微風吹拂中，在腦海裡勾勒出最美的台東。」

江慧卿也分享一個他親身經歷的場景：「通常都是爸媽帶著孩子來圓夢，但那次是女兒推著腦麻的媽媽，歷經辛苦的上到高台，排隊參加繫留體驗，希望幫媽媽圓夢，他還特別跟主持人要了麥克風，希望能在升空前對媽媽說幾句話。我記得，他牽著媽媽的手，對著他說：『媽媽，我愛你！』這番情景讓在場的人為之動容。」

熱氣球的美，不只美在它的夢幻與浪漫；更美在它所創造人與人之間的愛與感動，以及升空前後為人們帶來的希望與憧憬。

■ 鐵花新聚落的彩繪熱氣球。

台東，不一樣

過去，台東因為地域限制，被限縮在東部與世隔絕，雖然擁有山海美景卻只能孤芳自賞，但熱氣球的出現，打破了阻礙在台東四周的框架，打開了讓世界看到台東、台東走進世界的窗，也創造出國內外遊人一再造訪的吸引力公式。

根據高宇徵的觀察，台東熱氣球嘉年華開辦的頭兩年，台東縣規模上億元的重大投資案共有 29 案，總投資金額破 40 億元，可以創造四千多個就業機會，其中還包括具有指標性意義的影城也終於招商成功。高宇徵笑著說：「在這之前，台東已經十幾二十年沒有電影院了，是全台灣唯一沒有電影院的縣市，後來終於有影城願意進駐，對台東人來講意義非凡。」

熱氣球扭轉了台東的經濟數據，谷底翻揚，也翻轉了台東人對家鄉的自信心。黃健庭分享，有企業主一見到他就忍不住抱怨：「縣長，你叫我們來投資，我們來了，但是現在卻找不到員工耶。」還有台東鄉親反映：「縣長，因為有熱氣球嘉年華，那些失聯很久的親朋好友都冒出來了，現在大家都說要來台東玩，他們一來我們要接送、訂房，還要請吃飯，好麻煩喔，都是你害的。」這些聽來像是抱怨的話語，「其實，我知道他們心裡都是開心的、驕傲的，現在的台東，不會再像以前一樣，是個沒有人注意的城市了。」

2015 年，也就是台東熱氣球嘉年華活動舉辦的第五年，由《經濟日報》與南山人壽所做的「年度幸福城市調查」，台東首次躋身前五名，拿下第二名，只輸給花蓮。對過去的台東來說，這是一種不可思議的展現，由此可見，台東人發自內心覺得：我是台東人，我很驕傲，我很幸福。而這些轉變，都跟熱氣球有直接或間接的關係。

熱氣球不但走入台東人的生命，也成為台東孩子畫筆下最常出現的主角，稚嫩的筆觸下，用生氣盎然的色彩，畫下台東蔚藍的晴空、綠油油的稻田，以及一顆顆藏著他們夢想的熱氣球；開門做生意的店家，懸掛起熱氣球吊飾、桌上鋪著印滿熱氣球的桌墊。台東人選擇不當站在地面上抬頭看著熱氣球升空的旁觀者，而是由政府到民間，捲起袖子、手牽著手一起走入藤籃，搭乘熱氣球起飛，一起為台東努力，展開屬於台東的圓夢之旅。

但就像熱氣球在飛行時會突遇晴空亂流一樣，台東熱氣球嘉年華一路走來，也遭遇多次突如其來的重大考驗，而通過考驗的關鍵要素無它，是台東人全體上下同心協力，攜手拚搏走出困境的結果。

■ 台東縣政府邀請魏主安（右三）等神職人員搭乘熱氣球，並為台東祈福。左二為前任交觀處處長江慧卿。

第五章

連連考驗，年年突破

天無百日晴，熱氣球十年歷程中，遭遇過許多困境，
但團隊不畏艱辛，過關斬將，以永續理念迎接考驗。

步上面積約 7.4 公頃廣的高台，腳下踏著柔軟的綠色地毯，左高右平的地勢形成天然大舞台，舞台的背景是一片亮藍色的朗朗晴空，幾朵白雲點綴其中，還有徐徐微風迎面吹拂，沿著台地階梯往下看，是一道道整齊排列的紅烏龍茶園。這裡是台東鹿野高台的日常，靜謐的氣氛幾乎聽得到風吹過的聲音。

當天氣逐漸轉趨炎熱，高台上的熱度也跟著加溫，周邊店家忙著備料填滿貨架，送貨的卡車頻繁進出，休耕的田地也拉起圍線，為迎接暑假每天多達上萬來訪遊客做好準備。鹿野高台從鄉間田園搖身一變，成為全台最大的嘉年華會場。

2011 年，台東熱氣球嘉年華一炮而紅，衝出 35 萬人參與的全新局面；緊接著，2012 年，台東縣政府宣布加碼天

數到 66 天，等於是暑假整整 2 個月都在辦活動，遊客人次也暴增到 88 萬人，帶動觀光效益高達 20 億元。此時的台東就像吃了菠菜的大力水手，活力充沛、精神十足，更因此打開了台東人對未來的無限想像。

天數最長的活動，竟是兩面刃

回想起初期盛況，黃健庭笑說：「還有商家跟我說：『縣長不要停！繼續辦！你只要辦熱氣球，就會有人到台東。』好像我什麼事都不要做，只要辦熱氣球活動就好了。」

應眾人要求，2013 年的活動再拉長到 73 天，創下全世界最長熱氣球嘉年華紀錄，但是沒有永遠順風順水的船，正當台東熱氣球嘉年華才剛站穩腳步，問題也開始慢慢浮現。

台東縣政府觀察後發現：天數拉長後，平日人潮下滑嚴重，因為遊客覺得反正還有好多天，不用急著來。「這就好像賣自助餐，只要開店做生意，菜色材料得全部備齊；但如果沒有人來吃，那就會很辛苦，」黃健庭舉例，當時只要在活動期間，台東縣政府就會自我要求，起碼要有幾顆熱氣球在高台上才有架勢，拍照效果才會好看，可是這些通通都是成本。

之所以要如此精打細算，是因為從第二、三年開始，中央的補助逐漸退場，但是在鄉親殷殷期盼下，嘉年華天數

卻愈拉愈長，當時黃健庭只好親自出馬，放低身段，到處尋求企業贊助。陳淑慧回想：「雖然募款常常碰到軟釘子，但每次我們執行完活動，仍會雙手奉上結案報告，並預告明年的計畫，永遠不放棄任何可能得到的外援機會。」此外，台東縣政府早有危機意識，將活動定調為「使用者付費」，不提供公關票，這種做法也是為了讓活動能永續、長久的舉辦下去。

台東熱氣球退燒了嗎？

正當熱氣球執行團隊一邊苦撐著超長天數的活動成本，另一頭又遇上其他縣市爭相模仿的雙面夾擊。2013年暑假，高雄市澄清湖畔、花蓮縣光復鄉、彰化、台南各地一起瘋熱氣球，既然離家更近的城市就能看到熱氣球，何必長途跋涉到台東呢？這樣的想法馬上反應在遊客人數上，客源分散，導致當年度台東熱氣球嘉年華人數首度出現下滑，隔年，再度下探到78萬人，大家心中不禁想問：「台東熱氣球嘉年華退燒了嗎？」

沒想到，走城市路線的高雄市澄清湖熱氣球，參加人數慘淡；位於好山好水的花蓮縣熱氣球，也在現實壓力下不得不宣布：部分時間免收門票；最慘的是南投縣，兩次熱氣球升空試飛都宣告失敗，第二次熱氣球甚至還燒出一個大洞。此時，台東縣政府在熱氣球活動草創初期的努力與策略，展現了無可取代的價值。

有別於其他縣市礙於空域限制，只能辦理繫留，熱氣球無法真正升空、翱翔；只有台東早先與民航局數百次溝通，申請通過開放台東縱谷上空，讓熱氣球可以自由飛行，「繫留與自由飛的差別，是離地30公尺與離地1,000公尺的差別，也等於是『天與地的差別』，所以當台東的熱氣球暴紅，其他縣市想要模仿或學習的時候，我心裡很清楚，那不是光模仿就做得來的，」黃健庭語氣肯定的說。

■ 為了持續創造話題，增加民眾對台東熱氣球的忠誠度，2015 年台東縣政府舉辦熱氣球飛越城市的活動。

台東熱氣球馬步蹲得穩，根扎得夠深，加上得天獨厚的大自然優勢，用品牌創造區隔，消費者自然也能感受到明顯差異，重新將目光凝聚回台東，產生更強大的品牌忠誠度。

此外，台東縣政府也積極著手，提振疲軟的遊客人潮。透過增加造型球來創造話題與能見度、服務設施再升級、便利的交通接駁、融入地方特色文化與在地居民的參與，用更好的品質來迎接回流的熱氣球迷們，同時，在 2015 年首度將天數濃縮到 44 天——遊客終於回來了。

但沒想到，隔年，另一個挑戰接踵而至，且非人力所能抵擋。

百年難得一遇，尼伯特重創台東

2016 年夏天，熱帶氣旋「尼伯特」在西北太平洋上悄悄生成，寂靜了大半年的海域，積聚極大能量，海面上超過攝氏 30 度的炎熱海水，源源不絕的供應其能量累積來源，各國氣象預測中心迅速將強度預測拉高等級為超級強颱，各國也都預測尼伯特將直撲台灣本島而來，只是登陸位置是台東縣、花蓮縣抑或是宜蘭縣的差別，整個東台灣嚴陣以待。

7 月 8 日凌晨，尼伯特挾著中心高達每小時 200 公里的超強風速，向台東步步進逼。清晨五點五十分，尼伯特從台東縣太麻里鄉登陸，最大陣風達 17 級，這也是台東觀測站自 1901 年設站以來的最大陣風紀錄，氣象專家分析，17 級陣風之強，可以攔腰吹斷電線桿或招牌。

強風肆虐，台東街頭滿目瘡痍，大量房屋、屋頂損壞，被吹至飛脫的招牌、巨型廣告看板散落在路面，不少汽車被吹翻，甚至連停在台東火車站的台鐵石斗車，也被吹翻三輛，其中一輛還出軌，共造成 3 死 142 傷，光是台東縣的損失就達 20 億元。

當時，開幕僅短短五天的台東熱氣球嘉年華被迫暫時喊停。回想起那時候的景象，江慧卿記憶猶新的說：「尼伯特來臨之前，我們就開始緊急撤離絕大部分的裝備，沒想到風力之強，把高台上重達 2,400 公斤的貨櫃全都掃到山谷裡。」

颱風過去，市況滿目瘡痍，活動會場積水泥濘、亂七八糟。颱風過後的第一時間，廠商及當地居民在縣政府的領導下，挽起袖子，有車出車、有人出人，攜手合作清理自己的家園。

台東經過颱風肆虐的現況，透過連線出現在電視上：傾倒的高壓電塔、四輪朝天的車輛、街道上全是破碎的招牌及廣告看板，台東街頭宛如災難電影《明天過後》的場景，即使颱風過了，這樣的畫面還是持續在全台主要媒體上不斷播送，看在黃健庭眼中實在很心痛，他說：「其實，我們大約花一週左右時間，就恢復了大部分的市容，交通及維生管線也都已經暢通了，但看在外人眼中，台東還沒走出尼伯特颱風的陰影。」

熱氣球復活！ 台東走出風災陰影

因此，黃健庭知道接下來他所做的這個決定，一定會遭受輿論的抨擊，但為了台東民眾的生計，他還是要向全國人民傳達最明確的證據，證明台東已經重整腳步，準備好繼續迎接遊客，開門做生意了。

當時，暑假才剛開始，對台東商家而言，暑假兩個月的生意，占了一年中近半數的營業額，一個發展觀光的城市，如果遊客因為媒體畫面誤導而打消前往旅遊的念頭，將會對當地人造成二度傷害。

台東縣政府團隊心裡很清楚，喚回民眾對台東旅遊信心的最有效方法就是重新辦熱氣球，當大家一看到熱氣球升空

■ 尼伯特風災後的天空特別清澈，再啟動的熱氣球嘉年華也鼓舞著人心。

■ 尼伯特風災之後的第一場光雕音樂會，要向民眾證明台東已經從風災中站了起來。

的畫面，就知道台東沒事了，可以照原訂計畫前往台東去看熱氣球。「只要遊客願意來，就能用實際的消費來支持台東的重建，尼伯特造成的傷害主要是財物損失，最好的彌補辦法就是努力賺回來，」黃健庭堅定的說。

事實證明，尼伯特離開後的 7 月 16 日光雕音樂會，當晚台東知本溫泉飯店五千個房間全數客滿，隔天鹿野高台上的熱氣球活動人潮也擠爆會場，媒體紛紛用「熱氣球復活了」為標題報導，黃健庭鬆了一口氣說：「其實，最終還是熱氣球幫助台東從尼伯特風災中站起來，重新出發。」

熬過策略修正、天災等考驗，台東熱氣球嘉年華真正站穩腳步，創造出不可替代的旅遊品牌，2018 年遊客人數衝上 91 萬人次，更入選世界知名旅遊頻道 Travel Channel 評選，成為世界十二處令人驚豔的熱氣球嘉年華之一。

疫情突襲，辦或不辦？

「10、9、8、7、6、5、4、3、2、1，2020 新年快樂！」正當大家開心迎接 2020 年到來的同時，或許沒有人想到，不光只是台東，全台灣甚至全世界都即將面臨一場足以顛覆日常的劇變。

2020 年 2 月底，世界衛生組織將新冠肺炎疫情的全球風險級別，從「高」提升至「非常高」，歐洲幾乎全區淪陷，義大利一天死亡人數破百人，美國也出現感染案例；台灣也暴發首例北部醫院院內群聚感染。

許多日常活動被迫喊卡，大型集會也被迫取消，口罩採配給制，貨架上的消毒產品被搶購一空，來勢洶洶的疫情變化，讓大家都嚴陣以待。台東縣政府一邊緊急戒備、全員防疫，一邊也必須面對一個無法迴避的問題：「今年熱氣球嘉年華要不要辦？」饒慶鈴回想，2、3 月疫情正嚴重，先宣布延期，到 5、6 月再做最終判斷。所幸台灣防治得宜，疫情沒有繼續擴大，因此，決定「照常舉辦」！

事實上，依照當時的狀況與社會氛圍，說不辦是最容易的決定，不過悶了許久的台東經濟，背負著一年一度鄉親生計來源的熱氣球嘉年華活動，如果真的停辦，縣政府就得面對在地商家失望的眼神，觀光活動持續停擺的困境。

說要辦，其實也沒這麼簡單。縣政府要承受來自中央與各界的關注與壓力，還得冒著「萬一台灣防疫模範生的破口來自台東熱氣球嘉年華」的風險，更重要的是，全球疫情升溫，能否邀請到國外飛行員來台，就算邀請成功，兩地國家可否放行，都還是未知數。

總之，辦與不辦，都很困難，這個決定，考驗著執政團隊的智慧。

回憶當時做決策的心情，饒慶鈴強調：「其實，我們當時仔細盤點手上的資源，並且已經有了備案，才敢決定繼續辦下去。」

更多精采影片

2020 台灣國際熱氣球嘉年華

首先，台東有自己的球與飛行員，即使國外飛行員無法來台，光靠台東縣自身的資源，也足以撐起嘉年華活動；其次，如果疫情依舊嚴峻，中央指揮中心決議無法辦理群聚活動，還是可以利用科技的力量，直播每天高台上熱氣球起飛的畫面，讓全台灣每一個人感受到熱氣球滿滿的正能量。饒慶鈴感性的說：「你家裡的螢幕有多大，你的熱氣球就有多大，台東縣政府要將熱氣球所代表的希望與幸福感，直送到每一位台灣人民的心中。」

沒想到，做出照常舉辦的決定已經很不容易，真正開始執行的過程更是困難。

現任交觀處處長余明勳透露：「4 月中決定舉辦之後，我們就開始邀請飛行員與球，過程真的是十分煎熬。因為 5 月的全球疫情還是非常嚴峻，沒有哪個國家的外館敢蓋上簽證章放人出國，所有接洽的飛行員全都碰壁，那時候真的不知道該怎麼辦，透過各種專案努力申請，沒有得到任何答案，最後只能走最嚴格的防疫模式：國外飛行員來台，首尾都必須隔離檢疫 14 天。」

十年累積，熱氣球家族來相挺

饒慶鈴補充：「當時，已經擔任台東熱氣球嘉年華十年飛行總指揮的 Wout Bakker 率先跳出來，一口允諾會排除萬難來參加，此舉也讓我們十年來所建立起、分布在世界各地的熱氣球家族夥伴跟著響應，大家不但願意接受前後共 28 天的隔離過程，還要被限制行動範圍，每天就只能往返於鹿野高台和下榻飯店。」針對全球熱氣球愛好者的情義相挺，饒慶鈴至今仍銘記於心，除了感謝還有更多的感動。

「起初聽到台東要舉辦熱氣球嘉年華的消息，我人正在荷蘭，還有點嚇到，想說：怎麼可能辦得了？但當我 14 天隔離結束，抵達台東後發現，原來台灣很安全，」台東熱氣球嘉年華飛行總指揮 Wout Bakker 笑著說，2020 年，對來

■ 荷蘭籍總指揮 Wout Bakker 一直都是台東熱氣球嘉年華活動中的靈魂人物。

■ 2020 年台灣國際熱氣球嘉年華開幕式，饒慶鈴縣長（喔熊左側者）與貴賓們參與啟動儀式。

到台灣的外國人來說，感受與過去大不相同。以前，台灣人看到他，都很熱情主動要求合照，有時候甚至還會大排長龍，但去年，大家只要一看到外國人，馬上就想到歐洲、美國的疫情嚴重，看到他走過去反而變得很安靜，甚至還會保持一點距離。

「我們真的做到了！ 51 天的活動，從開幕第一天就開始倒數，當時台東處於零確診的狀態，如果第一個確診案例是因為熱氣球活動，真的就完了，」饒慶鈴如釋重負的說，活動期間壓力之大，外人無法想像，其中疫情一度轉趨嚴峻時，「副縣長十分緊張，立即準備防疫茶給飛行員喝，用盡所有辦法，連中藥都派上場，就是要確保每一位外賓的身體健健康康，活動順利圓滿。」

問起饒慶鈴，從決定要辦到活動結束前，有沒有哪一刻曾經出現懷疑不安、想要喊卡的心情，他說：「從來沒有耶，

■ 2020 年開幕儀式時，主持人特別邀請各國飛行員一起測試風向，為活動開幕。

既然已經決定，我們就全力以赴，更何況我們已經把各種狀況都設想周全，活動絕對能如期舉辦。」

全台唯一淨土，2020 年台東滿載而歸

正當台東縣政府全體工作人員，身心在水深火熱的煎熬中，只盼熱氣球嘉年華能平安落幕時，熱氣球所傳遞出去的正能量，卻為他們帶來意想不到的收穫。

余明勳分享，二十二位國外飛行員，每天都用照片記錄自己在台東的工作狀況與生活，分享到社群媒體上及熱氣球飛行員的群組裡，因為 2020 年沒有任何一個國家可以舉辦熱氣球活動，只有台東可以，所以其他國家的飛行員都很羨慕，也讓台東熱氣球嘉年華在世界舞台上站穩腳步。

同時間，台東在疫情最嚴峻的 4 月，一度成為唯一零確

診、零隔離的城市，被媒體封為「全台唯一淨土」，這樣的吸引力意外引爆旅遊熱潮。饒慶鈴說：「當時最單純的初心，是希望能透過熱氣球活動，為台灣及世界帶來鼓舞人心的正能量，沒想過會有這樣的人潮與效益，團隊每天都在戰戰兢兢的進行防疫工作，人潮卻天天擠爆鹿野高台。」

2020 年，適逢台東熱氣球嘉年華 10 歲生日，無疑是在最艱困的情境下，用史上最高的人氣為自己慶生。51 天的活動吸引超過 120 萬人次造訪，一舉帶動台東整年的觀光人次突破千萬大關，更榮獲世界知名線上訂房品牌 Booking.com 評選為 2021 年全球最好客目的地第一名。

而根據台東縣政府統計，2020 年台東縣的地方稅收逆勢成長 5%～6%，整體住房率達 62%，是全台第一，遠遠超過全台平均住房率 38%，這些熱氣球奇蹟，在全球經濟紛紛呈現慘淡無光的 2020 年，更顯得璀璨珍貴。

花絮
鏡頭下的熱氣球活動

感受熱氣球群飛上天的震撼感，
有沒有想過專屬台東的第一顆熱氣球是哪個？
如何命名？
熱氣球嘉年華有沒有特殊儀式？
只能在嘉年華期間才坐得到熱氣球嗎？

第一顆球的誕生

台東第一個熱氣球，就是編號B-00001的「台東球」，又稱為「台東一號球」，球體上有5個身穿各族原住民服飾的孩子，手牽著手，站在綠色的草原上，童趣的造型，遠征世界各國都獲得好評。

陳淑慧透露：「剛開始，我們不知道怎麼做熱氣球，還向台東各小學邀稿，蒐集孩子們手繪的335張圖，試著全部拼接上去，沒想到結果太花，沒有焦點，在專家建議下，抽取部分元素，最後只保留了5位孩子作品中的一部分，那就是5個原住民小孩與藍天綠地，讓台東意象鮮明突出。」

有了熱氣球的圖像，接下來，民航局要求台東縣政府為熱氣球選個號碼，「我們直覺想挑一號，後來想想台灣航空公司那麼多，怎麼可能有一號可以選，沒想到還真的有，就趕緊把一號登記下來，」陳淑慧笑著說，台東一號球就此誕生。

365天，天天都能飛

別以為熱氣球只有在台東的暑假期間才能體驗，其實熱氣球不只夏天能飛，只要天氣許可，365日天天都能飛。夏天升空，看到的是綠油油的田園風光，到了春秋兩季，天氣更涼爽，升空後看到的則是黃澄澄的稻田，不同時節，不同的景致，都能讓人看到台東的各種美好。

熱氣球飛行員比準頭

國際熱氣球嘉年華通常會舉辦飛行員的「擲準」比賽，主辦單位會在地面上設置直徑 10 公尺的十字標記做為標靶，參賽選手每個藤籃配備一個總重量僅有 77 公克的「豆袋」（beam bag），飛行員升空之後，要從空中將豆袋丟到靶心裡，再依據距離靶心的遠近，做為計分標準。

江慧卿曾在台灣申請專案，也在 2016 年首次舉辦比賽，但其實難度很高，因為風很難控制，有時候風向改變，就愈吹愈遠，或是因為沒有風，只能看著標靶近在眼前，卻怎麼樣都去不了，不僅考驗飛行員導航、掌握風向變化及航角判斷的能力，也藉由時時刻刻都在變化的氣象與風向，讓飛行員的操控技巧展現在民眾眼前。

民俗活動有報馬仔，熱氣球也有？

一提到台東熱氣球，大家腦海中浮現的第一個畫面，就是各式各樣的熱氣球飄揚在鹿野高台上。但其實在嘉年華活動舉行前，還有個「報馬仔」儀式，這是參考國外慣例而來，由一部卡車載著飛行員、熱氣球藤籃及燃燒器，從卑南公園出發，一路開到市中心，邊走邊噴火，向民眾預告嘉年華活動即將開幕。

全世界活動期間最長的熱氣球嘉年華

台東熱氣球嘉年華有個世界紀錄，那就是第三屆活動期間長達 73 天。事實上，2011 年第一屆時，台東縣政府原本只打算舉辦 7 至 10 天，沒想到，當活動進行到第五天時突然暴紅，縣政府團隊當機立斷，商請國外兩位飛行員及兩顆球繼續再留一個月，雖然只有兩顆球佇立在鹿野高台，但對當時的台灣民眾而言，必須出國才看得到的場景，如今在台灣不只能看到，還可以親身體驗，這樣的魅力讓台東縣政府吃下定心丸，也因此寫下世界熱氣球嘉年華最長舉辦天數的紀錄。

第六章

熱氣球領軍，十年翻轉之旅

熱氣球不只為台東帶來繁榮的經濟與地方的活絡，
更重要的是改變人心，讓台東人更有自信心、更勇敢。

「#我東漂了，那你呢？」這是近來網路社群上，最火紅的 hashtag 打卡標語之一，原來十年前讓人迫不及待想逃離、又老又窮的台東，如今已經成為遊客心目中值得一再造訪的目的地，甚至是宜居的城市選擇，如此翻轉，雖然出乎台東人的意料之外，但也並非無跡可尋。

公務員變勇敢

鳴槍啟動翻轉之旅的，是公務員變勇敢，踏出舒適圈第一步的勇氣與決心。

這個勇氣來自國貿局的一紙公文，讓台東縣政府的公務員敢於嘗試提案，進而獲得補助，以「熱氣球嘉年華暨城市高峰會」為起手式，開始展開各項籌備活動。

對熱氣球產業的不熟悉，肩負著家鄉轉型只能成功、不能失敗的期許，加上活動起跑時間一分一秒的緊迫逼近，以及團隊合作必須面對的磨合與困境，在在形成了無形的壓力，徹底改變台東縣政府同仁的心態。

這樣的轉變，高宇徵感受最為強烈。他說：「公務員文化通常是能不辦就不辦沒處理過的公文，或者不是所屬單位的業務，難免互相推來推去。但當大家一起把一件原本不可能的事情完成並實現之後，團隊間便出現一種良性競爭的工

作氛圍，而且會更認真去看待每一項業務，各個局處的橫向溝通也慢慢建立起來。」

熱氣球嘉年華成功吸引各界目光轉往台東，加上行政效率的提升，兩者發揮加乘效果，帶動產業快速出現強勁的反彈。十年活動辦下來，為台東人創造出 405 億元的存款，藏富於民，也讓企業看到了一個能夠獲利的環境，進而強化企業到台東投資的意願與動力。

企業投資台東最明顯的例子，是 2015 年東台灣迎來第一家國際連鎖飯店──桂田喜來登落腳台東市，成為市區唯一一棟 16 層樓高的建物，有「台東 101」之稱。桂田喜來登位在台東夜市正對面，步行即可抵達熱門景點鐵花村，高樓層還能遠眺太平洋，一晚要價最低 7,800 元起跳。

台東熱氣球嘉年華舉辦十年來，吸引的遊客人數從 427 萬人逐年增加至突破千萬人，可說是帶動台東各地的飯店與民宿遍地開花，飯店家數成長近四成，房間數成長超過七成，民宿家數更暴增 277.4%，整體住房率更高達 62%，高居全台之冠。

鹿野高台所在的永安社區發展協會總幹事廖中勳分享，台東熱氣球嘉年華開辦之後沒多久，全台東第一家民宿就在鹿野開張，社區也計畫性的協助有意願的居民投入民宿經營，到目前為止，光鹿野鄉就有超過一百家民宿。廖中勳說：「近期才宣布 2021 年的嘉年華舉辦時間，現在已經有很多人來詢問房間預約事宜。」

遊子返鄉，地方創生

「家鄉的轉變，讓過去出外就學與工作的年輕人，願意回來拚拚看，」廖中勳說，鄰近餐廳幾乎都是二代接棒經營，「還有像是隔壁種茶的鄰居、神農獎得主，他女兒原本學設計，畢業後就在台北工作，但一直存不到錢，去年回來台東之後，創了一個『女兒不懂茶』的品牌，往返於

■ 在地居民已經習慣熱氣球活動，還會抬頭向飛行員及乘客揮手打招呼。

台北與台東，到都市去講自家茶葉的故事，用創新的方式打開家鄉好茶的新通路。鄉下不一定就沒有競爭力，當年輕人願意回來之後，我們也發現，其實這些年輕人都相當有想法與活力。」

同樣的場景也發生在金崙，金崙車站旁一間米白色平房小屋，這裡可是 IG 打卡名店「力卡珈琲」，一推開店門，溫暖木色桌椅，嗓音清亮的部落音樂流暢其間，再來份海鹽刺蔥磅蛋糕、小米酒釀餅乾或是小米粽，配上一杯馬告拿鐵。你以為這已經是完美的下午茶體驗了嗎？

試著再次推開店門，帶著咖啡、糕點移駕到後門外的沙灘上，獨占波光粼粼的碧海藍天，在海風的吹拂下，享用在地美食。力卡咖啡的老闆 Sam，五年前從台北回到家鄉台東，他認為「飲食，是可以跟世界做朋友的最快方式」，更樂於在台東將此信念傳達出去。

從北台東的池上、鹿野，到南台東的金崙、太麻里，由年輕人參與的地方創生如雨後春筍般，欣欣向榮，台東縣政府也輔導創業、協助申請線上支付，同時將台東最受歡迎的熱氣球圖像正式對外授權，讓店家在設計上可以直接採用台東最引以為傲的亮點，「把熱氣球當成台東的名片」，發送到海內外。

饒慶鈴觀察到，年輕人自發性對外連結與宣傳的能量無限，「在我們推動品牌旅遊及授權之後，他們現在自己會去找盟友，從點連成線，以後會再延伸到面，變成一個完整的旅遊服務。」

他也進一步表示：「而且讓我覺得最開心的是，這種動能是由下往上生長出來的，如果光是由台東縣政府去推動真的很難，很多時候是要地方有這個需求，才會自然而然創造出來，所以需要時間堆疊。」

十年前，台東的失業率高達 5.7%，高居全台之冠，年輕人力嚴重外流；十年後，地方創生的年輕生命力，帶動台東整體就業市場活絡，也直接反應在數字上。根據統計，台東縣 2020 年失業率僅 3.7%，與新竹、雲林、花蓮、台中各縣並列第一，饒慶鈴信心滿滿的說：「台東要做台灣地方創生的模範生。」

用教育接軌國際，培育雙語人才

遊客來了，城市地位提升了，以服務為導向的觀光業需要更多優質人才補上來，才能永續經營與發展下去。尤其台東發展觀光，並非以國內遊客為終極目標，而是希望推向國際化。因此，台東教育的翻轉，特別是雙語教育的提升勢在必行，而且要再往下扎根。

過去被視為靜如止水的台東教育界，如今全縣內共有 11 所實驗教育學校，包括原住民實驗教育學校、國際雙語學校、Maker 程式語言以及實驗混齡教學的三和國小。另外，由星雲法師創辦、企業家嚴長壽接手經營的私立均一國際實驗高中，以及誠致教育基金會以 KIST（KIPP Inspired

School in Taiwan，受 KIPP 啟發的台灣公辦民營學校）教育理念辦理的公辦民營桃源國小，數量之多高居全台之冠，儼然成為台灣未來教育的實驗室。

而將台東推向國際化城市的過程中，語言占有十分重要的角色，儘管老一輩的人可能無法再去擁抱這樣的概念，但至少可以從年輕人做起，推廣雙語實驗教育，便是一個重要的方向。

位在都蘭的富山國小，是一所被海港包覆的迷你學校，轉型為實驗學校後，力推雙語教育，每週有五堂英文課，並以能力分組教學，生活領域、體育與藝文課程都以全英文或雙語進行。

■ 台東縣桃源國小運用均一教育平台，提升孩子運用科技智慧學習的能力。（攝影／張智傑）

搭上雙語主流，富山國小的學生數也在短短五年間倍增成為近百人，有將近八成是從市區越區就讀，當中不乏外國籍學生。金曲歌手陳建年出生地——卑南族南王部落的Puyuma花環實驗小學，則是台灣第一所卑南文化實驗學校，辦校理念是「讓孩子接觸土地」，甚至還吸引非原住民學童來就讀。培養擁有在地文化底蘊的雙語人才，為的就是讓以觀光為主要命脈的台東，更能夠打開國際市場。

■ 台東蛻變後的轉型，不但改變了城市景觀，也激勵人心，增加在地人對家鄉的認同感與信心。

台東國際化，動靜皆宜

台東朝向國際化目標邁進，並非是一個口號，十年來，鹿野高台的熱氣球嘉年華已經打進世界十二處令人驚豔的熱氣球節之一，台東金樽也連續三年（2017～2019）做為世界衝浪聯盟（WSL）世界長板總冠軍賽的舉辦地，甚至有日本、歐美及香港等地的衝浪愛好者，願意 long stay 一、兩個月，就是為了台東的浪。台東活水湖更擁有「鐵人聖地」的稱號，2017 年曾在國際大賽 IRONMAN 70.3 的賽事票選中，擊敗全球一百零八個國家，獲得「最想再參賽獎」第三名的殊榮，而且是連續兩年獲得全球鐵人選手的肯定，來過還會想再來一次。

台東不只有動，還有靜。國際級藝術大師江賢二於 2008 年移居台東，好山好水與自然美景，帶給他全新且更強大的藝術創作能量。2020 年，江賢二除了將自己從巴黎到台東，歷時五十五年的創作，在北美館舉辦個展之外，更在金樽規劃了一座藝術園區，希望發揮他的國際影響力，廣邀音樂家與文學家進駐，讓更多創作者都能從台東的大自然裡找到靈感。

對於台東蛻變後的轉型，無論是居民心態或城市景觀，都從內到外產生質變的現況，前後兩任縣長分別分享了他們的觀察與注解。

黃健庭說：「所謂的幸福，是對自己生活的滿意、有自信，更能夠掌握如何過生活，有選擇的餘裕。」在他眼中，台東人已經從為生計拚搏，走出了生活的餘裕。

饒慶鈴則強調：「對自己的城市有光榮感很難，但是台東卻做得很成功，過去大家說台東又老又窮，現在再也聽不到有人這樣說了，熱氣球讓我們找到城市光榮感。」

這一趟帶領台東迎向光榮感的蛻變旅程，腳步不曾停歇，更無法放慢，台東將以在地獨特的優勢為根基，化劣勢為優勢，向台灣、向全世界展現城市競爭力。

第七章

從台東
看未來城市競爭力

以熱氣球為引爆點，讓在地人與外界重新認識台東，
間接提升城市競爭力。

純淨的藍天、腳下是綠油油的田園風光，天空中點綴著幾顆飽滿繽紛的熱氣球，順著山谷地勢綿延到遠方的是一排排葡萄樹，一串串小巧可人的葡萄隱身在葉子下方。這樣的畫面，乍看之下給人一種恍惚在台東的錯覺。

這裡是隔著整個太平洋、距離台東一萬公里之外的美國納帕河谷(Napa Valley)。在此處，熱氣球活動已經舉辦超過三十年，而除了熱氣球，納帕河谷更為人熟知的是林立山丘的葡萄酒莊，以及出產風味絕佳的葡萄酒。

搭乘熱氣球欣賞葡萄酒莊美景，兩大觀光活動結合在一起，讓納帕河谷從四十年前，一個位於美國加州北部、距離舊金山市區一小時車程、沒沒無聞的河谷，搖身一變成為一年能吸引350萬遊客造訪的觀光勝地。從單純的葡萄種植到經營酒莊，不僅賣葡萄酒，更發展酒莊旅遊及各種精采活動（包括搭乘熱氣球），以天上、地下360度全視野欣賞自然美景，納帕河谷從自己獨特的優勢出發，展現城市競爭力。

美國經濟學家彼得・卡爾・克羅索(Peter Karl Kresl)曾說：「城市競爭力是指城市創造財富及提高收入的能力，提高城市競爭力可以提升居民的生活水平。」在《遠見雜誌》2019年公布的全台縣市總體競爭力調查中，台東縣總

■ 從空中俯瞰台東綠油油的田園景觀，美麗迷人。

體競爭力排名全國第三，僅次於首善之都台北市及新竹市。即使 2020 年位居第六名，也是除了新竹市與六都之外，其他縣市中表現最佳的。地方財政也有人躍進，從 2018 年第十六名進步到 2019 年第二名，2020 年則在第三名的位置。

由此可見，台東已經擺脫老舊窮的城市形象，朝向高城市競爭力的目標邁進。納帕河谷做到了，台東也做到了，無獨有偶，其中都少不了熱氣球。

熱氣球引爆，台東劣勢變優勢

「熱氣球是一個很好的引爆點，靠著熱氣球，讓外界重新認識台東，這才發現，有別於西岸的過度開發，台東竟然還保留了原始的自然之美，」政大經濟學系教授林祖嘉點出關鍵：以前的台東，因為交通不便，沒有人願意來，導致地方財政困窘，開發步調非常緩慢；但也因為如此，相較於高度開發的西岸，空氣、水等汙染問題嚴重，凸顯了台東難能可貴的好山好水，一旦以熱氣球為樞紐，就能將台東的劣勢

更多精采影片

2019 台灣國際熱氣球嘉年華

變成優勢。

台東在熱氣球這個超強吸票機的加持下，2020 年整體觀光人次衝破千萬，林祖嘉進一步分析：「熱氣球把觀光客吸引進來後，因為搭乘熱氣球價格不菲，能夠來到這裡的人支付能力都比較強，高階的住宿加上消費，就可以讓台東的財政開始有起色；財政狀況變好，就有能力著手改善城市的其他面向。」由此可見，城市只要找對一、兩個獨特的切入角度，成功的話，後續就能跟著順利開展。

多元獨有的觀光特色，台東超越對手

台東縣政府也把握機會，步調明快的將各項特色一步步推展開來。從鹿野高台的熱氣球嘉年華、金樽的國際衝浪公開賽、環繞台東市的山海鐵馬道，到活水湖的鐵人三項競賽以及最原汁原味的知本溫泉。林祖嘉強調：「台東是很有機會與潛力的，因為發展出多樣且多元的觀光特色，可以體驗的東西愈豐富，大家就會願意多留幾天，觀光產業才比較容

■ 台東擁有豐富多元的原住民文化，值得細細品味。

易發展。」

林祖嘉舉例：「像宜蘭，交通方便，但因為離台北太近，加上觀光特色不夠多元與獨特，所以遊客寧願當天往返，在地業者也少賺到錢，而且反因遊客多、經常塞車，真的很吃虧。」可見要遊客花錢沒問題，重點是有沒有優質環境及軟硬體設施，吸引大家願意來玩、來消費。林祖嘉感嘆，台灣城市發展沒有全面規劃，造成每一個城市都很像，結果要推觀光才發現，很難找出各自特色。「而台東不一樣，已經找到一個其他城市很難複製的切入點。原本是一處被人遺忘的所在，卻也因此保留自然原貌，成為得天獨厚的資產。」

前交通部部長毛治國也點出：「觀光，就是在販售一種『異國情調』，因為熟悉就會把它功能化，而無法從欣賞的角度來看；要發展觀光，就要用陌生人、非在地人的視角，重新發掘地方特色，而台東正是給人一種清爽、有格調，不會過分賣弄的觀光服務。」

前台東縣縣長黃健庭說：「鹿野高台的餐飲業者曾經說過，每到台東熱氣球嘉年華期間，茶葉蛋銷量就會多六倍，這是很明顯的變化。縣政府能做的就是把人帶進來，人進來之後，真正能讓他們消費的，還是商家本身。」因此，縣政府更期待的是，台東商家有沒有辦法趁此機會，檢視產品的競爭力，進而提升。

除了國內客源，林祖嘉也建議：「國際觀光客通常消費水準比較高，一旦城市走向國際化，絕對有助於提升城市競爭力。」如今，台東已有熱氣球做為引爆點，加上其他自然資源，確實能吸引外國觀光客駐足，如果能進一步提升在地人的英語素養，或是吸引懂外語的年輕人到台東落腳，將台東變成一個國際化城市，競爭力勢必會跟著提升。

以慢制快，台東走對了

然而，大自然何其脆弱，天時之利讓台東嶄露頭角，但

■ 自然環境絕對是台東未來要發展的特色條件，現在就要善加保護。

地利要能有效維繫，勢必還得靠人和。林祖嘉強調：「自然環境絕對是台東未來要發展的特色，現在就要把它保護好，發展過程中任何會對環境、空氣、水、能源造成汙染的產業，就絕對不應該進入，千萬不要把台東的資產消磨殆盡。」

台東縣深知環境永續的重要性，並善用自然資源帶來的優勢，無論是台東熱氣球嘉年華、鐵人三項、國際衝浪公開賽等大型國際活動，都是以不破壞純淨自然環境、結合在地特色、延伸觀光效應、深化旅遊質感為前提推動。未來，也將繼續推出躺馬路賞最美星空、部落深度旅遊以及台東慢食節等旅遊商品，滾動出彼此加乘的經濟效益。

台東縣縣長饒慶鈴強調，台東熱氣球嘉年華已經站穩腳步，逐漸建構出自己的產業鏈，這需要花時間，而且必須自然形成，不是政府砸錢就能一蹴可幾，必須陪著業者一步步往前走，讓它自然堆疊，效益自會發生。

「台東城市競爭力排名的提升，顯見台東持續進步中，而這個進步是經過一段時間的醞釀，代表我們找到對的、適合自己的發展方向，」饒慶鈴說，台東縣政府資源畢竟有限，必須聚焦在找出獨特性上，以原住民祭典為例，台東的祭典還保持著純粹跟傳統風格，人民的純樸樂天其實是台東最大的資產，很適合用來發展「慢經濟」。

饒慶鈴也進一步詮釋：「所謂慢經濟，販賣的是緩慢的氛圍，我們不需要複製西部的快速，也許不用那麼多的星巴克，但我們會有很多獨特的咖啡小店，這就是緩慢。不需要因為追求速度，而導入統一的作業流程及一致性的產品，取而代之的是各種獨特且無法被取代的體驗，只有在台東才能發生的經驗。」

台東未來城市競爭力潛力十足

林祖嘉也建議，台東已經踏出成功的第一步，若想繼續強化競爭力，首先要做好相對應的城市規劃，在未來可能的發展上創造彈性。

當務之急是佈建更便利於旅客自由往來的交通網絡。林祖嘉觀察：「台東比較吃虧的地方就是地形狹長，南來北往若不搭火車就必須開車，但開車的碳排放量可能反咬台東一口，所以可考慮定時定點的觀光巴士，繞行各大景點，讓遊客更容易安排旅遊行程。」

中期來看，任何產業要走得長遠，人才的供給一定要跟得上腳步，既然台東決定以觀光為主要發展方向，林祖嘉認為，如果台東未來能提撥部分經費，建置配合觀光發展的學校，培養相呼應的人才，包括雙語、餐飲、觀光及飯店科系等，打造像瑞士有名的餐飲學校，也會讓產業走得更穩健。

最後，則是放眼長期，面對台灣老年人口快速增加，預計 2025 年將邁入「超高齡社會」，林祖嘉認為，台東的好山好水勢必會成為退休族群眼中的最宜居城市，但要順利接軌宜居城市的願景，台東尚欠缺一、兩間優質的大型醫院，一旦完備，將有機會成為台東成長的另一個引爆點。

■ 台東適合衝浪的環境，吸引許多浪人呼朋引伴前往逐浪。

第二部

翱翔

鏡頭背後的英雄們

這群人真的很忙，

有的在舞台背後準備活動大小事，

有的載著熱氣球所需一切配備，往場地奔去，

有的正在研究風向氣候，做飛行前最後的確認，

有的則在舞台前，卯足全力炒熱現場氣氛，

他們，是成就台東熱氣球嘉年華的英雄們……

第八章

台東縣政府承辦團隊

為了一抹幸福笑容，這群人拚了

有一群人，在熱氣球活動期間，天未亮就醒，
前往場地進行準備工作。
夜深還未眠，因為下一場工作正等著他們。

黎明前的夜空，漆黑寂靜，當大家還在柔軟床鋪上睡得香甜時，有一群人摸黑出門，準時集合，搭車出發，目的地——鹿野高台，舉辦台東熱氣球嘉年華的主場地。他們不是因為活動而臨時招募的工讀生，而是台東縣政府交觀處的同仁們。

凌晨四點，縣政府工作團隊抵達高台，必須先與飛行總指揮確認天候狀況是否適合飛行，緊接著掌握繫留票券銷售狀況，然後與現場飛行員、地勤及排隊等候的遊客一起迎接曙光，等待眾所矚目的熱氣球登場，並全程掌握活動動態；等到活動結束，收完球、簽完工作日誌，遊客與其他工作人員都陸續散場，縣政府工作團隊最後才能離開高台。

現在才上午八點半，城市尚未完全甦醒，遊客可以返回住所睡回籠覺；飛行員、地勤甚至合作廠商的工作夥伴，也可以休息片刻。但業務繁忙的交觀處團隊沒辦法，他們緊接著回到辦公室上班，甚至曾經有人凌晨四點就到高台，八點半開始工作一整天，晚上還有其他行程，幾乎是 24 小時不斷電，全靠意志力才能撐過來。

■ 三仙台光雕音樂會十分精采，事前準備工作也十分繁複。圖為 2020 年台東熱氣球嘉年華 7 月 18 日的三仙台光雕音樂會現場。

隨機應變，跟老天爺搶時間

2015 年，台東熱氣球嘉年華活動推出移地光雕音樂會；2017 年，首次在三仙台結合熱氣球與曙光，打造令人難忘的經典畫面，這種把熱氣球活動場地向外擴散到其他地方的做法，可以增加熱氣球的知名度，但事前準備工作也因此變得更多。

余明勳回憶：「為了舉辦位於三仙台的曙光光雕音樂會，我們整組工作人員前一天直接住在三仙台附近，凌晨一點就起床準備，根本沒怎麼睡，還有人徹夜未眠。」

而活動開始之前，負責指揮交通、引導遊客的交通科同仁更是辛苦，他們更早值勤，先去重要交通路口就位，和同樣辛苦的警察同仁一起指揮交通、管制路口，交通科科長賴

■ 熱氣球活動的成功，是由許多幕前幕後工作夥伴一起完成的。

宣愷說：「常常有人沒通行證要硬闖，還有人根本沒有通行證就嗆聲：『我是 XXX，你不認得我嗎？找罵挨嗎？』太嚴太鬆都不對，經常兩面不是人。」

其他人也沒閒著，他們必須把熱氣球相關設備徒手搬到海灘，但三仙台的海灘不是一般沙灘，而是一顆顆光滑的礫石灘，每走一步就會滑動，還要經過陡坡，又是搬運上百公斤重的藤籃、瓦斯桶，更增加難度。遊憩科科長劉奇朋笑著說：「搬的當下真的很想問：『怎麼會選在這種地方辦活動啊？』」

余明勳說：「不只三仙台曙光音樂會，幾乎每一場熱氣球活動都是如此千辛萬苦，但神奇的是，每次值班表發出去，不論集合時間多早，只要時間一到，大家都會準時出現，沒有人缺席或請假。」交觀處團隊執行力之強，讓當時剛接任處長的他都很吃驚。

但是，熱氣球畢竟是個靠天吃飯的活動，很多時候即使提早準備，一旦遇上天候不佳，還是有可能停飛。尤其颱風來臨前夕，交觀處會先請飛行團隊評估天氣狀況，若風力或雨勢剛好處於可飛與停飛間，交觀處團隊、地勤及飛行員還是會到高台上待命，只要天氣一好轉，馬上恢復熱氣球起降，為的就是要爭取每一個能飛的機會，不讓遠道而來的遊客失望。

就算無風無雨，在熱氣球活動現場挑戰依舊不斷。

劉奇朋回憶，有一年在高台光雕音樂會，配合音樂投射出的雷射光束，應該要落在特定位置的熱氣球上，偏偏這顆球立了三次都立不起來，眼看著光雕音樂會就要開始，如果這顆球的位置空出來，整場秀就變得不完整。「當下我們只能緊急應變，挪動其他已經立起來的球，稍微改變隊形，把空缺補上，終於讓整場光雕音樂會順利演出，」劉奇朋說。

還有一場在池上大坡池的移地熱氣球活動，現場風力剛好介於能辦與不能辦之間，但看到現場上萬名遊客引頸期盼的熱切模樣，交觀處團隊實在不想讓大家失望，咬著牙決定試著立球，熱氣球也不負眾望的緩緩站立起來，劉奇朋說：「不過因為當天風較大，需要比平常多兩倍的人力來壓球，但現場沒有這麼多工作人員，我們馬上隨機應變，邀請現場遊客來幫忙，不但讓活動順利舉行，遊客也因此多了一份特別的熱氣球體驗。」

團隊戰打下深厚革命情感

一起熬過辦活動的辛苦，共同解決各種危機，這份拚搏出來的革命情感，也讓交觀處同仁間的感情，有別於其他公務單位。

前任交觀處熱氣球承辦專員汪劭樺回憶，剛接手熱氣球活動時他正好懷孕，預產期就在 9 月，而熱氣球活動在 7、8 月，那時候肚子正大。

但汪劭樺還是要到高台輪值，有時為了溝通要跑來跑去，或是到其他活動地點場勘，尤其像三仙台那樣的礫石灘，石頭路加上炙熱豔陽，讓大腹便便的他走起來格外吃力。這時，同事們就會告訴他：「你坐著就好，我們去幫忙聯繫。」或是「你就在旁邊休息，我們幫你去看，回來再一起討論進退場。」這種二話不說、拔刀相助的情義相挺，讓他格外感動。

共同打拚的情誼，甚至譜出一段美麗的戀曲。前任交觀處熱氣球承辦專員徐珮珊，2012 年接手時才剛考上公務員，連熱氣球都沒親眼看過，卻要寫標案、找廠商，面對全然陌生的領域，一度讓他感到非常無力。還好當時處裡有第一批被送出國接受飛行員訓練的同事吳稚偉，陪著徐珮珊一步步學會熱氣球相關知識，完成任務，兩人因為熱氣球結緣，進一步共組家庭，還拍了熱氣球婚紗，更選在嘉年華期間舉辦婚禮，連國外飛行員都一起來祝福他們。

■ 因為熱氣球，成就了交觀處前任承辦同仁徐佩珊與飛行員吳稚偉的一段良緣。

余明勳說：「熱氣球嘉年華活動期間雖然耗盡所有人的體力，但只要看到遊客開心的笑容，就覺得辛苦都是值得的。」徐珮珊也分享：「尤其是場面盛大壯觀的光雕音樂會，那份震撼也讓我們超有成就感。」這些看得到的回饋，刺激著交觀處每位同仁的腎上腺素暴發，讓輪值的辛苦不再難熬，反而像上了熱氣球的癮一樣，年復一年期待著希望升空、人們微笑洋溢臉龐的那一刻。

年年突破挑戰大

對交觀處團隊而言，比起活動期間的體力活，更令人心累的反而是事前一場接一場、永無止境的討論會議，因為此時還看不到具體成果，只有眼前一個接一個的難關需要同心協力突破。

「每年幾乎是嘉年華活動一結束，就隨即展開下一個年度的籌備，超長籌備期，而且還得絞盡腦汁，尋求突破，創造新亮點，這種挑戰更大，」汪劭樺說，尤其他接手時間較晚，基本上在法規許可下的各種嘗試，幾乎都試過了。最後經過調查發現，大家最愛的還是各種新奇有趣的造型球，即使不搭乘，往往也能吸引愛拍照遊客或親子家庭的目光。

因此，交觀處團隊把後期重點擺在邀請人氣造型球，有別於其他國家或城市的熱氣球活動，造型球比例大約占全部的十分之一，但台東熱氣球嘉年華的造型球約占了一半，就是希望把整個高台營造得像嘉年華會般繽紛燦爛。

劉奇朋回憶，有一年要邀請「黑武士」熱氣球來台東，剛開始接洽時，對方球主意願並不高，一是因為沒來過台東，二是因為檔期難協調，後來球主自己去打聽台東辦熱氣球活動的口碑後，終於點頭來台展演。

同樣的狀況，也發生在「小小兵」熱氣球。談了整整三年，才終於促成可愛的黃色小小兵造訪台東。劉奇朋說：「其實我們有祕密武器，讓球主或飛行員們來過之後，還會主動再問：『什麼時候可以再來？』」

原來，這個祕密武器是地勤團隊的專業度，遠勝其他國家，而且考量到造型球收球較複雜，有的甚至需要依照順序黏魔鬼氈才能收好，因此，交觀處團隊特別規劃造型球以「一球搭配一組固定地勤」的模式，只要這顆造型球來台期間，都由同一組人負責地勤工作，每組有一位可以用英文溝通的組長，讓國外飛行員備感尊榮，甚至還想要把地勤團隊打包帶回家。

用最大誠意與在地鄉親共好

要辦好時間長達一個半月的國際型活動，涉及面向之廣、業務之多，非外人所能想像。對於余明勳來說，他更重視的是與在地居民溝通，「畢竟我們只是在鹿野高台上辦活動，但他們是天天在那裡生活，所以我一接手後，便希望透過座談會，跟居民們進行更密切的溝通。」

有別於外界對台東熱氣球嘉年華的一片盛讚，在地居民卻有不同的聲音。像是清晨的活動擾人清夢，週末的交通管制讓他們寸步難行，還有停車、垃圾等問題，甚至有鄉親直接嗆聲：「乾脆不要再辦。」面對鄉親們提出的問題與挑戰，余明勳都一一記錄下來，等到再次開座談會，逐項提出解決方案，用最大的誠意與在地溝通。

「第二場就平和很多了，」余明勳回憶，「這也是因為台東縣政府是真正為地方好，希望與在地共好共榮，要達到這個目標，其實要透過不同面向的溝通，才能盡力消除居民們的疑慮，甚至轉而支持。」

熱氣球正能量成最美回報

而這股只要跟熱氣球有關的事都要做到最好的拚勁，讓交觀處從上到下，每一位同仁都是沒日沒夜、全力以赴，這時候最需要的就是家人支持。

劉奇朋說：「每年到了暑假，家裡大小事幾乎全靠太太一肩扛下。」大人可以體諒，但孩子們就無法理解，有一次大女兒還問他：「為什麼爸爸都不在，不能陪我玩？」童言童語的抱怨，讓他心頭一陣酸。

不過有一年，劉奇朋抽出一個難得有空的週日下午，帶著大女兒到鹿野高台，近距離看熱氣球進行準備工作，最後還扛著他坐在肩膀上，父女倆一起看著巨大的熱氣球升空。從那次之後，劉奇朋的大女兒改口了，現在會說：「這是我爸爸辦的熱氣球活動喔。」

「每次有新同仁進來，我們都會問：我們這個處很辛苦唷，要常常加班，清晨就要出門，然後很晚回來，你受不受得了？願不願意？」余明勳一語道出交觀處有別於一般公務員的辛苦。

他也坦言，摸黑起床，大家的精神一定還處於萎靡狀態，但只要一到高台或光雕音樂會現場，現場空氣中瀰漫著遊客的興奮情緒，馬上刺激大家精神為之一振，再看到遊客臉上散發出的開心笑容，滿滿正能量所帶來的滿足與安慰，再多辛苦也都值得了。

下一回，當你有機會前往台東參加熱氣球嘉年華活動時，別忘了這一群 24 小時待命的公部門團隊，因為有他們承擔舉辦熱氣球活動的任務，拚命為遊客創造吸睛亮點，我們才有難忘的精采回憶；而對於交觀處承辦團隊來說，走過熱氣球十年痛並快樂著的過程，一回頭才猛然發現，原來熱氣球也成為他們職場生涯中，最閃亮的一抹印記。

■ 2020 年雖有新冠肺炎疫情影響，台東縣政府團隊依舊協力完成熱氣球活動任務。

第九章

熱氣球飛行員邱盛富

樂在帶給別人快樂的工作

一個對飛行上癮的飛行員，因為想飛而過著自律的生活，
忍受在空中操控熱氣球的孤獨，他，就是 Dahi。

為了當飛行員，他提早三個月吃麥片、加強運動，只為了練就更健康的體魄，好在年度體檢中過關；為了完成飛行任務，他不能應酬、禁止喝酒，覺得生活變得有點乏味，還要忍受一個人在空中操控熱氣球的孤單。

■ 在自己的故鄉飛行，邱盛富每次看著熟悉的景色，都會有不一樣的感動。

「但是，我可能對飛行上癮了……所以這一切都是甜美的承受，」人稱 Dahi 的邱盛富意味深遠的引述歐洲文藝復興三傑之一的達文西名言：「一旦去過高空，終生都會抬頭仰望。」（Once you have tasted the taste of sky, you will forever look up.）

一走進飛行夢想學校的玻璃會議室，短髮梳得整整齊齊的 Dahi，精神抖擻的招呼我們要不要喝咖啡，完全看不出凌晨三點起床觀測起飛天候的疲態。「我叫 Dahi（音近「人海」），意思是真正的男人，」Dahi 認真講完，隨即露出笑容解釋，「Dahi」是家族代代由長子繼承的名字，其實在語義上沒有特定意思，但他認為這個名字時時提醒他，唯有成為真正的男人，才能打起整個家族的責任，不負長輩和祖先期待，因此都如此對外解釋。

2015 年，邱盛富身著布農族服飾在美國阿布奎基飛行。

這位身材結實的道地台東布農族子弟，擁有長達十年的飛行經驗，還沒見面之前，常聽其他熱氣球從業人員提到他的名字，多半因為 Dahi 是第一位原住民飛行員，飛行技術極佳，連國外飛行員都說讚。

本以為身為天際航空公司總機師的他，會是個嚴肅謹慎的人，結果整個採訪過程中笑聲不斷，談起熱氣球，Dahi 的眼睛發著光，以原住民的樂天口吻，生動提起第一次操作熱氣球的害怕、在美國就讀飛行學校的困惑，講述曾經發生過的失誤和學習，以及每次飛行的興奮經驗，真誠熱情的態度，猶如剛當飛行員的新人。

不管害怕或被罵，我都要飛上去

2011 年，Dahi 任職的活動公司承接台東縣政府主辦的第一屆台東熱氣球嘉年華，他第一次看到立起來的熱氣球，隨著高度達 19 至 21 公尺的球體慢慢展開，Dahi 的眼睛和嘴巴也愈張愈大，感受到無與倫比的震撼，想到居然有人能操控這麼大一顆球飛出去，Dahi 不禁暗自羨慕起又帥又酷又厲害的熱氣球飛行員。

事隔十年，談起與熱氣球的初相見，還是可以感受到Dahi語氣裡的興奮。當時，他起初負責接待應邀來台的國外飛行員，以及協助熱氣球裝備入境台灣的行政程序，後續則擔任地勤副總指揮，常有機會接觸到國外飛行員。

■在熱氣球上往下自拍，角度精采又刺激。

有一次，工作告一段落後，休息之餘，跟國外飛行員聊天時，「他突然問我，喜不喜歡熱氣球？」Dahi想起每一次看著熱氣球成功升空，在地面的遊客開心發出歡呼聲，臉上洋溢著幸福感的神情時，馬上回答：「很喜歡啊，因為這是一件很快樂的事。」

接著，國外飛行員問他：「你知道要怎麼樣才能帶給大家這種快樂嗎？答案就是成為熱氣球飛行員。」彷彿一語驚醒夢中人，自那天起，Dahi就告訴自己，他要從事這種可以帶給別人快樂的工作，如果有機會，成為飛行員也不錯。

沒想到上帝的祝福真的送到他眼前，機會來了，Dahi參加台東縣政府培訓飛行員計畫的甄選活動，順利成功進入培訓團隊，接受縣政府補助前往美國受訓。「去之前什麼都不懂，只是很興奮可以完成夢想，結果到了美國的飛行學校，才發現一切都跟想像的不一樣，」Dahi原本以為會按部就班學習，先念概念學理，再學專業知識，最後是教練帶飛，結果完全不是這麼回事。

第一堂課就操控熱氣球

第一天，Dahi就被教練要求組裝熱氣球，接著叫他進籐籃開始飛，即使嘗試跟教練溝通自己沒飛過，教練卻撂下一句：「如果你飛過，就不用來學了。」Dahi心有餘悸的回憶，在完全沒經驗的狀況下硬著頭皮操控，沒料到高空感覺跟地面全然不同，離地愈來愈高的恐懼，加上身體裸露在半空中，又沒有降落傘，還得操控方向，這趟首次飛行非常沒有安全感。

接下來的兩個月，需要適應的是語言問題，Dahi 的教練以性情古怪暴躁著名，完全沒有考慮學員聽不聽得懂，三不五時還會不小心爆粗口，Dahi 解釋：「其實飛行員的個性都很瀟灑，熱氣球飛行課程又沒有標準流程，完全看天候及風向狀況，無法精密掌控接下來該做什麼，必須當下立即做出判斷，加上帶新學員壓力又大，所以才會有這種反應。」

事實上，雖然熱氣球是一個相對安全的飛行器，但還是得看老天爺臉色，隨時變化的氣候及風向，決定了熱氣球及人員是否能安全降落，因此，一分一秒都不能鬆懈，必須上緊發條。

訓練過程中時常被責罵得莫名其妙，不知道自己做錯什

■ 2015 年，邱盛富隨同台東縣政府團隊前往美國參加熱氣球嘉年華活動。

麼，即使開口問，教練也只會叫 Dahi 回去想想自己犯了什麼錯，種種狀況讓他無所適從，甚至萌生想放棄的念頭。

幸好，包括廖尉傑、崔昊澤和他在內的同梯學員，與上一梯的葉其祥、徐玉儒、吳稚偉等三位學員常聚在一起交流，討論要怎麼做才能避免惹教練生氣，儘管無法完全聽懂講解，他們還是仔細觀察教練的一舉一動，在「迷迷糊糊，不知道自己為什麼可以完成」的情況下，通過術科考試。

至於學科就用熟背來應付，Dahi 說：「那時候熟記到看到題目第一個英文字就知道答案。」原訂四小時的考試時間，他只花了三十分鐘就寫完，還跟監考人員比著 ok 的手勢，打算離開考場。監考人員原本以為他要上廁所，後來才搞清楚是要交卷，驚訝的要他再多檢查一下。他笑著說，教練很吃驚台灣學員在學科測驗上幾乎都拿到接近滿分。

■ 邱盛富的家人都很支持他的飛行員工作。

跟其他航空器飛行一樣，熱氣球飛行非常重視經驗的累積，飛行學校教的是基本飛行技巧和如何應對各種突發狀況，唯有經驗才能培養飛行員沉著思考的習慣，並做出適當處置。Dahi 很清楚，即使通過學科和術科測驗，拿到個人和商用的熱氣球飛行員證照，仍只是邁向飛行員的第一步。

一趟飛行，一個故事

在數百次載客飛行所累積的經驗裡，Dahi 深信：「一個人願意花9,000元來飛這一趟，背後一定有一個動人的故事。」他也搭載過因為各種理由來坐熱氣球的乘客，有愛情、親情，也有好玩的、悲傷的，「印象最深的，就是讓我超尷尬的那兩次經驗，」Dahi 笑著說。

他首先強調，自己載過很多對高空求婚的乘客，成功率幾乎是 99.9%。唯一一次令人傻眼到不行的，是有一個男生想求婚，還特地事先跟工作人員協調好流程，當他回報地勤熱氣球高度已經達到 2,500 英呎的時候，就是男生可以跪下來求婚的信號，沒想到女主角居然不如預期般開心接受，而是一臉驚訝不作聲。

面對男生一而再再而三的央求，女生堅持沉默不回答，Dahi 本來以為是不好意思，故作矜持，還一旁講了幾句鼓勵的話，結果被女生狠狠瞪了一眼，三個人就這樣僵在高空中，氣氛凝重到連 Dahi 都不敢多說什麼，最後是因為燃料快燒完了，他才使著頭皮出聲說：「不管有沒有答案，熱氣球都必須降落了。」

一回到地面，女生頭也不回的跳出藤籃離開，他才轉頭問男生究竟是怎麼回事。原來這對情侶只交往三個月，根本尚未論及婚嫁，是男生一廂情願的求婚。Dahi 又好氣又好笑的說，以後再遇到高空求婚的需求，他都會先問清楚狀況，免得又有這種難堪局面出現。

■ 在空中幫客人拍照，共同享受一趟愉悅的空中之旅。

另一次經驗是載到一批帶著裝備的乘客，一直要求 Dahi 再飛高一點，他判斷當時風速及風向許可，就應乘客要求再往上一點。等到熱氣球飛到限定高度後，這群乘客突然開始動作。

只見他們打開裝備，拿出好幾樣可以伸縮的道具，一一拉長來使用，包括一支號角和一把劍，緊接著有人開始唸唸有詞，一邊操作著道具，還有人吹起號角、揮劍，甚至有人對外灑水。Dahi 攤開雙手，心想這是什麼狀況？當時他臉上三條線真的都要跑出來了。

儀式結束後，Dahi 詢問他們這麼做的目的，原來這批乘客認為飛愈高就離上帝的住所愈近，藉由吹號角等方式，可以更清楚傳達他們的訊息給上帝。那次降落後，天際航空內部開會檢討，決定日後為了維護飛行安全及其他乘客權益，飛行員要負責出面制止這類行為。

我飛行員，我驕傲

提及一路走來，台東熱氣球嘉年華的發展，Dahi 一臉驕傲的表示，這項活動幾乎成為台東的豐年祭，年輕人每年 7、8 月就會回到故鄉從事地勤工作，當地也因遊客增加而熱鬧很多，有多家特色咖啡店、特色料理、民宿等進駐。

想起以前跟別人講到自己出身台東，大家的反應大多是好山好水好無聊，「現在不一樣了，朋友們會羨慕的說：那是飛熱氣球的地方，然後，我會跟他們說，我就是飛熱氣球的飛行員，」Dahi 一邊說著，完全不掩飾臉上那種走路有風的自豪神情。

身為飛行員，大家常常稱羨 Dahi 的飛行技術，對此，他毫不遲疑的直言：「因為我常常失誤，所以學到的經驗也比別人多。」每次飛熱氣球，面對的氣候狀況都不一樣，很難依照事先規劃的理想方式飛行，因此「多嘗試」不同的狀況便顯得十分重要，無論成功或失誤都可以從中學習到新的經驗，思考下一次如何修正會更好。

譬如有一次，風向瞬間改變，Dahi 臨時決定降落到開闊的乾涸河床上，本以為應該沒什麼問題，沒想到下到河床的風速反而更大，熱氣球被拖行至近百公尺的對岸。為了收球，地勤人員得開車下斜坡過河，花費不少時間和精神。Dahi 說：「雖然這次的失誤造成地勤困擾，但換個角度想，也因此學到河床並不是個理想的降落點。」

從犯錯中學習，對於自我要求完美的飛行員來說，相當難以接受，有些人會卡在自己的失誤中，無法突破自責的心理障礙，而一點一滴耗盡對工作的熱情，可能就會因此離開飛熱氣球的工作。

對 Dahi 而言，不能飛就像翅膀被拔掉般痛苦，好不容易成為飛行員，為什麼要這麼容易放棄？他說：「對我來說，從事這個行業是一種祝福，除了可以享受飛行，還能幫乘客完成飛行夢想，其他工作無法提供這樣的快樂。」

當然，近十年的職場生涯，Dahi 也不斷提醒自己，沒有一位熱氣球飛行員不犯錯，更沒有一次失誤是故意的，要成為一位真正的熱氣球飛行員，就必須比別人更扛得住各方湧來的壓力，讓每次失誤都成為有價值的學習經驗，做好勇於嘗試的心理建設，才能不斷接受各種新挑戰。

■ 2016 年邱盛富搭載《空中英語教室》創辦人彭蒙惠女士（中）享受台東熱氣球自由飛。

第十章

熱氣球飛行員林沅霆

飛行是一輩子不悔的夢

懷抱著第一次在日本搭乘熱氣球的悸動，
林沅霆繞了一圈，終於在台東與熱氣球相遇，
找到了一輩子愛與安身立命的所在。

在台東機場大廳的廊柱上，有一張照片，照片中一家四口開心愉悅的笑容掛在臉上，無論抵達或離開的乘客，遠遠的就可看見，彷彿在迎接或歡送人們的造訪。

廊柱上的文字寫著：「熱氣球的起點是夢想，飛越數千公里的熱情，終點是家，愛、夢想、飛行——都在台東實現。」照片中的男主角，是台灣第一位熱氣球商業駕駛員林沅霆，現任天際航空機務處處長，他的故事要從十年前開始說起。

跨越四國的追夢之旅

林沅霆來自桃園一個普通的小康家庭，從屏東科技大學社會工作系畢業後，因為受到羅勃特・T・清崎（Robert T. Kiyosaki）著作《富爸爸，窮爸爸》（高寶出版）影響，深感賺錢很重要，而繼續攻讀台南大學科技管理研究所，同時與朋友合夥買法拍屋、改裝套房出租，但由於資金不足，經營得相當辛苦，便安排自我成長課程來激勵彼此。

■ 帶著台灣喔熊熱氣球，林沅霆隨台東縣政府一起出國拚觀光。

「當時，老師要求每個人都要制定自己的目標，因為喜歡旅遊，我腦海裡突然跳出搭熱氣球環遊世界的想法，」就是這麼一個突然冒出來的想法，注定了林沅霆跟熱氣球結下一生的緣分。

合夥做生意既然賺不到錢，他除了繼續在網路上投資房地產之外，也北上在叔叔的公司從事藥商業務工作，但經過那一堂自我成長課，讓他體悟到有夢就要及早去追，於是辭掉藥商工作，開始認真蒐集熱氣球相關資料。

林沅霆說：「那時我心想，如果想搭熱氣球環遊世界，至少得先看看熱氣球長什麼樣子吧。」於是，他前往日本參與佐賀國際熱氣球嘉年華，「尷尬的是，我竟然挑了一個最不適合起飛的中午抵達，幸好等到傍晚，花了 500 日圓，才搭上繫留的熱氣球。」這段經歷對於目前飛行時數累積已超過 800 個小時的資深飛行員林沅霆來說，又好氣又好笑，但那天搭乘熱氣球離開地面的那一刻悸動，仍然讓他終生難忘。

經過日本行，林沅霆更確定要當熱氣球飛行員的心意，他去探聽各種可能方案，2009 年決定到熱氣球活動興盛的澳洲試試，打算用打工度假的錢來付學費。在澳洲，林沅霆曾去坎培拉參加熱氣球嘉年華活動，當地飛行員推薦他可以到澳洲中部的愛麗斯泉（Alice Springs）上飛行學校，抵達當地後，發現工作難找，轉而前往凱恩斯（Cairns），找到採收檸檬的工作，但薪水卻遠遠不足以支付將近新台幣 50 萬元的學費，在無法增加收入的情況下，只好放棄飛行學校的夢想，半年後決定先回台灣。

回到台灣，林沅霆進入台北一家專門從事熱氣球繫留業務的公司工作，後來又轉向美國申請飛行學校，卻因簽證種類不符被拒。

不灰心的他，在 2011 年台東舉辦第一屆熱氣球嘉年華時，專程前往活動現場，因而有機會跟國外飛行員聊天，對

■ 林沅霆（左一）向國外遊客介紹台灣喔熊熱氣球，讓更多人認識台灣。

方推薦他去加拿大上飛行學校。林沅霆本想義無反顧的申請打工度假，幸好得到家人財務支援，可以專心學習，好不容易在三個月內通過術科考試和第一次筆試，只要再通過一次筆試便能拿到執照，不料此時，他接到父親罹患肺腺癌的消息，只能匆匆中斷學業回台照顧。

■ 因為熱氣球，林沅霆（左一）與邱盛富（左二）交到許多不同國籍的好朋友。

一波三折的經歷，並沒有阻撓林沅霆追求夢想的腳步，台東縣政府成功舉辦第一屆台東熱氣球嘉年華後，2012 年決定培植台灣本土的熱氣球飛行員，他參加甄試並順利通過，成為第一批前往美國受訓的五位飛行員之一，雖然懷抱著對前途和未來的不安，但熱氣球的夢想終於起飛……

在高空學習人生功課

臉上始終帶著微笑，述說著熱氣球的點點滴滴，回憶從成為飛行員、一步步精進操控熱氣球技巧，到經歷台灣熱氣球產業發展與推廣的過程，讓人輕易感受到林沅霆全心全意投入熱氣球的熱情，散發著強大能量，感染周遭的人，就像個「溫柔的巨人」般，令人感到安心與信任。

林沅霆曾想，若這輩子無緣成為飛行員，至少每年可以參加台東熱氣球嘉年華活動，一圓飛行心願；等到順利取得飛行員執照後，他又開始思考：平常到哪裡才能飛？要不要自己買個熱氣球？或是平日當代課老師，每年等台東熱氣球嘉年華活動時再去支援？他笑說：「我甚至考慮要不要去非洲當飛行員。」由此可見他對熱氣球的狂熱程度。

所幸，林沅霆的熱氣球人生順利在台東降落，先是進台東縣政府擔任約聘人員兼飛行員，隨後至天際航空任職。擔任飛行員的第三年，原本住在北部的女朋友到台東跟他碰面，甚至願意嫁給他共組家庭，後來生下兩個可愛的小孩，跟著他一起在台東工作。對林沅霆來說，飛行員不再是不可觸及的夢想，而是每天的生活日常。

問他為什麼會愛上熱氣球？林沅霆笑回：「你應該是問

■ 日本佐賀國際熱氣球嘉年華，是台東縣政府辦熱氣球嘉年華活動時重要的取經對象。

怎麼可能不愛上熱氣球吧！」從日本佐賀初次遇見時的興奮，遠遠看見一顆顆熱氣球升空，瞬間為單調的藍天畫面增添了色彩和層次；走近觀看，馬上又從天邊飛行的可愛倩影，轉為驚訝於熱氣球的龐大體積；進入藤籃是另一個震撼，伴隨一波波低沉的燃燒器噴火聲，猶如「霍爾的移動城堡」般的熱氣球，帶著他緩緩離開地面，飄向天際。迄今，即使每次升空都有不同的感受，但帶給林沅霆的都是同樣一股熱血沸騰的情緒。

熱氣球也教會他很多事。林沅霆回憶在加拿大上課時，第一次自己操控，既緊張又害怕，覺得很不踏實，升空後看著漫無邊際的地面和天空，對於接下來要飛到哪裡、要在哪裡降落，絲毫沒有概念，但慢慢的，他懂得看風向、觀測地形，飛行技巧也愈來愈穩定。

「累積飛行時間達一至兩年之後，對飛行員來說，要面臨的是另一項考驗：太有自信又缺乏經驗，反而是最危險的階段，」林沅霆分享，有一次他搭載三、四位台東縣政府的主管飛行，但那天下午風有點大，正猶豫間，看到另一名飛行員已經駕著熱氣球出去，當下便決定跟進升空。

「沒想到後來風愈來愈大，一路將球吹往中央山脈，而且開始飄雨，」因為擔心接下來找不到降落地點，林沅霆急速降低高度，熱氣球拉著藤籃重重落在一片番茄棚架裡。據說當天的乘客中，有人從此謝絕搭乘熱氣球。

林沅霆苦笑說：「這個經驗教會我一課，那就是必須冷靜判斷和勇於說不，飛行員的任務是把乘客平安帶回地面，而不是勉強升空後，遇到狀況才希望自己留在地面上。」同時，他也與其他飛行員達成共識，養成日後採一致行動，不再各自決定是否升空的默契。

飛過全世界，還是最愛台灣

雖然尚未一圓搭熱氣球環遊世界的宏願，但因為有飛行員的身分，也讓林沅霆造訪過十多個國家，包括美國、澳洲、英國、法國、荷蘭、印度，以及很難拿到工作簽證的沙烏地阿拉伯，目的不再是單純的旅遊，而是操控著台東縣政府的造型熱氣球，肩負起拓展台灣觀光外交的責任。

林沅霆分享，每一次在國外飛行，他都會將中華民國國旗綁在熱氣球頂端的冠頂繩，讓大面國旗飄揚在外國天空，即使曾在澳洲因為政治打壓之故，對方以技術層面刁難，最終國旗依舊如願昂然飛舞在空中，甚至曾經出現在美國的國慶日，讓特地前來的當地僑民和留學生感動莫名，林沅霆也因此深刻感受到：可以駕駛熱氣球是一件多麼值得驕傲的事。

因為曾在世界各地飛過熱氣球，林沅霆分析：「以地貌來看，在中東飛行可以看到一行駝駱漫步廣袤黃沙的景色，十分特別，但最美的景色仍是在台東。」

飛行在稻田和縱谷間，景色四季更迭，夏日是綠油油的秧苗，秋季一片金黃稻穗，時時都是驚喜，卻也提高降落難

■ 在阿拉伯飛熱氣球，可看到難得一見的廣袤沙漠景觀。

度，要避免球體扯到樹叢或高壓電線，避開落到農田損害作物，飛行員必須隨時環顧四周，找尋產業道路、河床或學校操場等適合的降落點。

但是，外國的熱氣球活動皆安排在開闊場域，隨處都是降落點，飛行時無須左顧右盼，相當放鬆。他說：「應邀參加台東熱氣球嘉年華的國外飛行員常說，如果在台灣可以順利飛行，到世界各地飛熱氣球都沒問題。」

當然，最初環遊世界的心願，林沅霆未曾忘記。他說：「我曾經研究過成功完成熱氣球環遊世界的人是怎麼做到的，發現除了得向各國申請飛越領空許可，還要考量高空生活需求等現實面向，現階段會暫時擱下。」

林沅霆的短期目標，是在台東以外的台灣其他地方嘗試飛行，目前多半執行現地起降的熱氣球繫留活動，他希望有一天可以拋開繩子自由飛，若能掌握風向，有機會在花蓮、宜蘭飛行，甚至駕駛熱氣球飛越都蘭山。

跟著我一起往上飛高飛遠

現任職於天際航空，林沅霆感到十分幸運，所從事的工作還能同時滿足自己對飛行的夢想，他期待有更多人了解熱氣球，知道台東熱氣球一年 365 天都能自由飛，更歡迎有志者加入飛行員的行列。

目前，天際航空現任三位專職飛行員，跟公司擁有的熱氣球數量相比，人數遠遠不足。林沅霆說：「飛行員最重要的是累積經驗，以及擁有敏銳和冷靜的特質，面對狀況能沉著處理，敏感察覺周遭的氣象變化。」

他分析，燃燒器就是飛行員的方向盤，透過加熱頻率來控制熱氣球的飛行高度，微妙運用不同高度的風向，決定下一步航道。由於風向變幻莫測，在飛行時必須快速下判斷，尤其是確認降落點，以免錯過後就無法安全落地。

對林沅霆來說，累積愈多飛行經驗，就愈知道其間有太多課題需要學習，每天的氣候、風向都不同，必須把每次飛行當作第一次般謹慎看待，不能停止學習，「因為我們面對的是大自然，是老天爺的考驗，無法等閒視之，必須以謙遜尊重的態度因應。」

其實，熱氣球飛行員的工作並不輕鬆，若是有任務，前一天晚上要判讀氣候，初步決定能不能飛，當天凌晨四點再次確認氣象，通知乘客是否成行，五點集合飛行，飛行時間約三十分鐘至兩小時，在動輒長達 40 天以上的台東熱氣球嘉年華期間，對體力和精神是一大挑戰。

然而，林沅霆將這種工作型態內化成生活常態，一點也不以為苦。他從故鄉桃園開始追夢，歷經轉折，在努力堅持下，好不容易在台東起飛，現在的他，享受乘客在熱氣球升空時滿心喜悅洋溢笑容的那一刻，喜歡從高空俯視地面時的內心平靜，感受沒有明確目的地和航道的放鬆，在高空體驗生命的純粹與美好。他鼓勵所有喜歡熱氣球的人一起投入產業，「因為，當飛行員真的是件很快樂的事！」

■ 繞了世界一圈，回到台東飛熱氣球，這裡才真正是林沅霆的歸屬。

第十一章

熱氣球飛行員吳稚偉

命中注定，
與熱氣球相遇

因緣際會，讓吳稚偉從學音樂到成為公務員，
轉身又考上熱氣球飛行員，帶著夢想翱翔天際，
並找到一生摯愛。

小時候的吳稚偉有個飛行夢，每次看到從天際呼嘯而過的戰鬥機總忍不住羨慕，並在心中許下願望：「我長大之後也想要開飛機。」

然而，如同大多數人，在成長過程中，這個夢愈埋愈深，終至遺忘。直至 2011 年，任職單位的長官建議他，可以參加熱氣球飛行員招募計畫，這個夢想才再次浮現吳稚偉眼前，開始期待能實現夢想、飛上天空的那一天到來。

人生是一連串機遇和選擇所組成的，這句話可以充分印證在吳稚偉身上。從原本協助推動熱氣球產業的台東縣政府交觀處行政人員，到隻身操控熱氣球的飛行員；從第一次升空嚇得半死的心情，到自在駕駛熱氣球飛行的從容，不管是被動或主動，這條路帶領著他一步步在高空中找到成就感。

人生轉彎，偶然變成必然

剛值完十小時的班，現職警察的吳稚偉，臉上表情略顯疲憊，談起所學專長，竟然是音樂。「大學就讀文化音樂

系，修習低音大提琴，原本想朝專業演奏的路前進，但工作機會真的很少，只好放棄，改走相關的藝術行政工作，」吳稚偉回到台東家鄉，先在劇團任職，隨後應徵上縣政府交觀處約聘人員。

早期，文化暨觀光處負責統籌台東縣的觀光和文化業務，吳稚偉心想：至少與藝術文化相關，與所學落差不會太遠，「沒想到觀光與文化業務，自 2011 年開始分屬不同單位，而我被分派到觀光業務部門。」

第一屆台東熱氣球嘉年華活動大獲成功，讓縣政府看好熱氣球在台東的發展潛力，決議年年續辦，投入發展熱氣球產業，擬定招募及培訓本土飛行員的政策，正巧由吳稚偉接手這項業務，當時的處長陳淑慧，建議他不妨自己親自去理解熱氣球整套制度與流程，積極鼓勵他去參加飛行員招募。

「如果真的害怕，其實是可以拒絕的，但若能接受挑戰，長官不但會覺得我很積極，又能培養一技之長，工作更穩定，」吳稚偉天生性格敏感，對未來考量很多，加上兒時本來就有飛行員的夢想，即使內心上演了幾齣小劇場，最終還是決定放手一搏，抓住難得一次的機會，擁抱「要是能飛有多好」的夢想，成為台東縣政府第一批送去美國受訓的五名熱氣球飛行員之一。

■ 吳稚偉（前）兒時飛行員的夢想，沒想到長大後得以實現。

吳稚偉坦言，身為第一批學員，前面沒有學習參考的對象與經驗，雖然很開心有機會能成為帥氣的飛行員，但面對一切都是未知數的未來，心中還是有很深的不確定感，不知道自己到底行不行，加上台灣沒有飛行課程的參考資料，也不清楚到了美國要學什麼、怎麼學，更不知道自己能不能學得會。

「而且，根據招募簡章，若沒考到飛行員證照，數十萬的受訓費必須自行負擔，」吳稚偉笑著說，這讓他有種破釜沉舟的決心。

事實上，吳稚偉第一次搭乘熱氣球，是在第一屆嘉年華期間搭乘繫留熱氣球，升空後感覺還不錯，「但對高度還是有點怕怕的，」吳稚偉笑著說，沒想到第二次搭乘，居然就是自由飛，「那是飛行課程開始的第一天，前一晚半夜十二點抵達奧蘭多，就被通知凌晨六點排定訓練，隔天一早教練看到我，直接叫我進入藤籃，見習教練及其他學生如何讓熱氣球升空和飛行，」吳稚偉嚇壞了，沒搭乘過自由飛行的他，全程緊抓著藤籃邊，連手指指節都泛白了，教練察覺他的不安異狀，安慰他不要緊張，「教練這時才想到問我是第一次搭乘熱氣球嗎？我只能硬著頭皮回答：是！」

藤籃裡人人平等

順利拿到個人和商業飛行員執照的吳稚偉，擺脫了第一次搭乘的青澀與恐懼，操控熱氣球升空時，俯視下方，眾人仰望注視，的確帶給他滿滿的成就感。學成之後，吳稚偉回到台東縣政府任職，長官指派他搭載貴賓，等於是對其飛行技術的肯定，也讓他深感驕傲。

吳稚偉分享幾個他載過的貴賓，有前總統馬英九夫妻、藝人浩子，他說：「馬前總統十分好學與感性，沿途會好奇詢問各種飛行原理的問題，在俯瞰壯闊的花東縱谷時，甚至感動的說：這就是國旗歌裡描述的景色啊，還邊坐邊大聲唱出國旗歌：『山川壯麗，物產豐隆……』，親民且真性情的態度，令人印象深刻。」

藝人浩子也十分有趣，即使現場機器早已停止拍攝，仍舊一直搞笑，逗得工作人員哈哈大笑；還有不知道自己有懼高症的香港媒體，搭乘前興奮到不行，沒想到一升空，全身上下狂抖無法控制，「我那時候真的嚇到，深怕記者亂抓到不該抓的控制繩等東西，緊張的請同事看著他，自己趕快尋找降落地點，當時每一分鐘都像是一種折磨，」吳稚偉笑著說。

還有一趟旅行特別令吳稚偉動容，那是一位有點年紀的乘客，在他人攙扶下要求搭熱氣球，雖然熱氣球移動速度並不快，但考慮到降落時可能會發生顛簸的狀況，為了安全，

■ 在吳稚偉（中）飛行生涯中，載到前總統馬英九夫婦（左、右），可說是珍貴的回憶。

希望乘客有能力獨自站立並抓住籃緣，這位乘客還需攙扶，吳稚偉不僅遲疑起來，可是一看到乘客渴求的眼神，加上陪同者告訴吳稚偉這位乘客是癌末病患，這可能是第一趟也是最後一趟搭乘熱氣球的旅程，吳稚偉幾經確認後，還是在家屬的協助下完成了這趟旅程，他說：「這份工作在此時此刻變得更有意義，我何德何能可以去完成別人的心願。」

想念高空的平靜，有天總會再見

除了擔任飛行員的工作，吳稚偉在縣政府期間也參與熱氣球產業的推動與建置，他表示，熱氣球空中遊覽劃分在普通航空業的營業範疇裡，若要收費載客，就必須依循相關民用航空法規，成立航空公司，航空公司也要建立內部營運制度，如航務、機務等專業分工；此外，常設性空域劃設，甚至保險及定型化契約等各種面向，在產業化的過程中都得一一建置，這些都是從零開始摸索。吳稚偉甚至在 2014 年中，轉職至甫成立的天際航空公司，擔任總機師兼航務處處長一職，規劃相關飛行活動，如 2015 年熱氣球飛越市區、

2016 年第一屆台灣國際熱氣球挑戰賽。

感性的吳稚偉，特別希望藉此感謝王秀軍教官、丁作德教官、歐陽怡教官、張本雄教官、龍文馨教官、陳東昇教官、鄒慧蒂教官、王海生教官、熊時平教官等人的協助，因為有前輩們從旁親力親為的指導，提供參考資料，才能促使熱氣球產業在短短數年間奠定發展基礎，吳稚偉說：「還有天際航空的林佑真董事長，由於他的信任，讓我可以因為業務上的歷練，有機會增加飛行以外的工作視野。」

飛行是一輩子難忘的興趣

吳稚偉的熱氣球飛行員職涯中止於 2018 年年底，主要原因是當他面對飛行任務時，是個嚴肅且非常注重安全的

■ 看到遊客因享受飛行而滿溢的微笑，是飛行員最大的感動。

■ 飛行員操控熱氣球時，有時會刻意接近地面，讓乘客體會不一樣的搭乘經驗。

熱氣球飛行員，要求飛行時保持清醒的頭腦和高度警覺性，也要對乘客的安全負起責任；聽起來，這些要素十分適合這份工作，可是高強度的工作壓力，和每天凌晨三點就得起床的工作時間，在結婚有了家庭之後，讓吳稚偉不禁思考「飛行做為興趣就好，不要當職業」的可能性，於是年屆 35 歲的他，選擇去報考警察公職。

雖然卸下熱氣球飛行員職務，吳稚偉始終忘不了有熱氣球的美好回憶。記得在嘉年華期間，現場滿滿人潮，遊客臉上堆滿驚喜與愉悅的笑容，讓他感覺數十天的辛苦工作總算有了代價，當下也能享受工作帶來的成就感；記得駕駛熱氣球，伴隨燃燒器間歇點燃的聲音，球體緩慢的在花東縱谷上移動，從高空俯視大地時，內心平靜帶來的感動。

從音樂家、公務員、飛行員到警察，冥冥之中，吳稚偉的人生似乎一直被帶往熱氣球的方向前進，彷彿命中注定與熱氣球相遇，即使熱氣球的回憶如今停留在某個生命階段，而他繼續往前走，但吳稚偉依舊深信：「如果還有機會，如果體力和時間許可，總有一天我會再回到天空。」

第十二章

熱氣球飛行員李容伶

從地面到空中，就是想要自己飛

從地勤打工開始，李容伶愛上熱氣球，
想盡辦法前往國外受訓，拿到執照後，
累積經驗與實力，等待放手飛的那一天來臨。

留著短髮，外表像個小男生，五官卻十分秀氣精緻的李容伶，來自台南，畢業於國立台東大學身心整合與運動休閒產業學系。

談起與熱氣球的緣分，李容伶說：「大學時代有機會接觸到熱氣球，後來為了打工賺錢，深入了解這項活動，才立下一定要自己飛的終極目標。」2012 年時，李容伶還在學，正逢台東縣政府舉辦第二屆台東熱氣球嘉年華，主辦單位跟學校教授聯繫，徵求地勤志工，他便和一群同學趁暑假去受訓。

擁抱夢想，才能從地面升空

那時候台灣沒有熱氣球產業，更沒有本土的熱氣球飛行員，空中飛行和地面訓練等，都必須借助國外飛行員的專業。當年受邀參加嘉年華的國外飛行員，每一位都很熱情，十分樂意教導志工關於熱氣球與地勤的專業知識，李容伶也因此認識了來自泰國的飛行員 Tawin Dumkhum。

李容伶笑著回憶，Tawin 訓練台灣地勤志工時，由於英文都不是彼此的母語，講起來有點怪腔怪調，但他認真教授熱氣球原理、地勤安全等知識，除了口說，還輔以畫圖講解，讓李容伶印象深刻。結業後，支援台東熱氣球嘉年華地勤工作期間，兩人仍常在閒暇之餘聚餐聊天。

與 Tawin 認識約兩個月之後，台東熱氣球嘉年華即將步入尾聲，Tawin 開口邀請李容伶加入他的熱氣球團隊，李容伶起初沒想太多，「只是覺得跟著出去玩，開開眼界也不錯，沒想到從那時候開始，人生走進另一個轉捩點。」因為喜歡參與熱氣球嘉年華的熱鬧氣氛，跟飛行員一起工作也可以學到許多，所以即使僅補貼住宿和交通等費用，他仍決定跟著團隊參加日本、荷蘭、泰國等地的熱氣球嘉年華，協助地勤工作，卻也因此拓展視野，開始有了想當飛行員的念頭。

2019 年李容伶在美國猶他州希伯城（Heber City）接受訓練。

大學畢業後，李容伶加入天際航空，擔任地勤和行政職務，承辦台東熱氣球嘉年華的相關業務，有機會接觸到愈來愈多飛行員，羨慕的看著一顆顆熱氣球升空，「當初還沒有很確定的想法，但也不知道自己將來要幹嘛，」不過，想飛的念頭卻是愈發強烈。

為了找尋未來方向，李容伶離開天際航空，去日本打工度假，在這段期間想了很多，「從大學開始接觸熱氣球，卻只能待在地面上，真的很想上去飛飛看。」但想飛熱氣球就要有執照，要有執照就一定得去受訓，因此李容伶從日本回來後籌了一筆學費，決心前往美國接受飛行員的訓練。

往前一路飛，從不要怕到懂得怕

李容伶說：「擔任地勤工作時，周圍的夥伴都覺得當飛行員真好，聚會時常問飛行員要怎麼考照，等到真的開始計劃出國接受訓練時，卻只有我一個人要去。」或許是比別人多了一段在不同國家熱氣球嘉年華體驗的有趣經歷，讓李容伶比別人更加堅定飛行的夢想，儘管獨自出發，儘管對回國

■ 留短髮像個小男生的李容伶（右一）2014 年與地勤夥伴合影。

後找不找得到工作仍有疑慮，他還是勇於嘗試。

由於曾在天際航空處理飛行員培訓業務，李容伶很清楚台灣多半將飛行員送去哪一間學校受訓，他動作很快，直接寫電子郵件跟對方聯絡報名，搞定所有申請流程，確認入學時間後，便單槍匹馬飛到猶他州鹽湖城，一關關闖過口試、筆試、術科，2019 年便將美國私人和商業飛行員證照都拿到手。

跟台灣多數熱氣球飛行員分批前往受訓不同，李容伶沒有其他同伴可以討論、取暖，他說：「訓練過程真的不輕鬆，尤其是一個人控制球的時候，常常不知道要飛去哪裡。」不知所措的他，只能仰賴無線電裡的教練聲音來做動作，一步一步的學習。

回想過去的辛苦，李容伶說：「一切都是值得的，現在每次飛行都很愉快有趣。」2021 年他拿到台灣飛行員證照，是全台灣兩位現職女性熱氣球飛行員之一，現階段則跟著資深飛行員學習，努力累積飛行時數。

每一次飛行，李容伶都盡情享受緩慢徜徉在藍天的自在，隨著高度上下調整，熱氣球可以高飛，也能貼地，還會遇到居民和遊客跟他打招呼，這樣的樂趣帶著李容伶堅定的朝向飛行員目標邁進。

回想起第一次自由飛，李容伶說：「我是真正拿到飛行員執照之後，才知道那次有多驚險，當時還覺得很開心、很刺激。」那是在台東熱氣球嘉年華期間，英國飛行員帶著時任地勤的李容伶，從鹿野高台升空，結果過不到五分鐘，就迫降到現為綺麗渡假村的空地，而且因為風速較快，藤籃被熱氣球扯著一路拖行將近 10 公尺，才傾倒在地面。

當時的李容伶身為乘客，根本毫無概念，不僅沒被嚇到，還覺得飛行很好玩。當了飛行員之後，深深佩服英國飛行員過人的勇氣和高超的技術，以那樣的風況，人和球居然都能安全降落，如果是自己，面對那種氣候條件，以現階段能力絕對不敢起飛。

累積經驗，等待放手飛的一天

自認比別人幸運一點，李容伶通過台灣熱氣球飛行員考試後，本來不知道下一步何去何從，結果居然有機會進入台東縣政府交觀處擔任飛行員和約聘人員，可以駕著縣政府的熱氣球進行定期訓練，學習當一名獨立的機長。

要是沒這個機會呢？李容伶想了想說：「可以的話，還是想找個專職飛行員的工作，如果沒辦法，有想過每年自己出國找地方飛。」會有這樣的想法，一來是為了證照有效性，因為民航局要求，飛行員每 90 天必須至少起降 3 次，二來則是單純喜歡飛行。

從地勤轉換成飛行員，李容伶認為地勤工作是減少飛行員需要顧慮的事，譬如展球、收球、組裝球體和確認裝備等；擔任機長的飛行員，則要負責熱氣球、乘客和工作人員的安全，起飛前必須按步驟再次檢查。

熱氣球升空後，機長得保持高度專注力，尤其是台東地貌多變，連帶影響上空的風，可能過了一條小溪，風向和風速就瞬間改變，夏天和冬日的風也都不同，得因應四周環境，隨時構思新的航行計畫，精準調整高度，找到適合的航向。

「飛行的那兩個小時間，飛行員要非常非常專注，很耗體力也很費精神，落地後，處理事情時常常容易出錯，」李容伶說，自己經常在結束飛行訓練且降落後，連簡單的文件填寫，都能放空到把姓名填到地點那一欄，由此可見這份工作的燒腦程度。

「飛行員的工作很累，要是早上、下午都排飛，一天下來很辛苦，但我沒辦法一直待在辦公室，就是喜歡待在戶外，」即使要李容伶再選擇一次，熱氣球飛行帶來的成就感，讓他十分肯定自己還是會做同樣的決定。

■ 擲準比賽難度很高，與當天風向與天氣息息相關。

李容伶分享一次最順心的飛行，是心裡想著要飛進台東縣瑞源國中，手拉著燃燒器噴火，持續上下調整熱氣球的高度，最後竟然如他所預測及規劃的路徑一樣，降落在學校操場上，他得意的說：「因為有一定的困難度，能夠達到目標，覺得很有成就感。」

雖然李容伶現階段仍需搭配資深機長一起升空，學習修正操控細節，累積經驗和熟練度，待飛行時數滿 70 小時後，就能獨自一人飛行，不過，目前在台東的每一次起飛，「一切還滿順利的，我很滿意。」

被熱氣球包圍的人生，很幸福

問起在台灣與其他國家的飛行經驗，李容伶認為，因為地形、區域和天氣不同，飛起來的感覺也不一樣。

狹長的台東航域，風向不固定，適合的降落點不多，但隨著熱氣球前行，稻田、溪谷在眼前漸次展開，帶來不斷的視覺驚豔。而美國地廣人稀，在空中就能盡覽全部景觀，愛降落哪裡就降落哪裡，適合放鬆的飛。

他印象最深刻的一次經驗，則是跟著泰國飛行員團隊參加日本佐賀國際熱氣球嘉年華。佐賀國際熱氣球嘉年華自

1980 年起迄今約四十年，每年秋天 11 月上旬，上百顆五彩繽紛的熱氣球聚集在此，吸引近百萬名遊客，是亞洲最大的熱氣球嘉年華，在五天活動期間，不需要專程到主場地，只要抬頭仰望，整個佐賀上空都是飛行中的熱氣球。

選在稻田收割後舉行的佐賀國際熱氣球嘉年華，在航域內有很多降落點，特別適合規劃「擲準」比賽，李容伶那次是以助手的身分，跟著泰國飛行員上熱氣球，幫忙飛行員注意風向及地面哪裡有指標。他記得當時參與競技的上百顆熱氣球一起升空，從藤籃裡望出去，四周被形形色色的熱氣球包圍著，大家隨著風一起緩緩移動，「那一刻真的會讓人感覺很幸福。」

雖然曾經迷失人生方向，身為熱氣球飛行員的李容伶，現在的目標卻很清楚，比起地面，他更喜歡待在沒有干擾的高空，天空才是他的主場。面對未來即將高飛的人生，李容伶期許自己愈飛愈好，將來有一天可以獨自一個人，乘著熱氣球想飛哪裡就去哪裡。

■ 一心想自由飛行的李容伶，正朝著目標前進。

第十三章

熱氣球飛行員陳于園

享受全手感操控的燒腦工作

飛行員的工作燒腦又耗費體力，
陽光女孩陳于園卻絲毫不以為苦，
因為熱愛大自然的他，享受每一次生命帶來的挑戰。

身為飛行員，試過衝浪、潛水，還是位領有執照的滑雪教練，一直在探索自我的陳于園，驚奇的發現自己熱愛冒險的天性，居然完美符合熱氣球飛行員的職業特質，冷靜應對操控熱氣球時對體力和腦力的挑戰，升空後享受與大自然寧靜共存心情的特性，讓他從未想過要放棄飛行。

■ 超人氣童星左左右右造訪台東熱氣球嘉年華時，與陳于園（中）開心合照。

如果事先不知道他是台灣第二位女性熱氣球飛行員，修長結實的身材、小麥般健康膚色、深邃精緻的五官，很容易讓人將他聯想為在豔陽下逐浪的衝浪美女。

陳于園笑著說，正是因為接觸衝浪，讓他愛上大自然，才有勇氣去報名飛行員甄選，雖然那時不知道什麼是熱氣球，但只要可以在戶外工作，他都想去試試。

「我永遠記得第一次搭熱氣球升空那一刻，我知道，自己遇上了可以做一輩子的工作，」提起熱氣球，陳于園臉上閃耀的神采，令人動容。

嘗試，發現自我的潛力

2011 年，陳于園進入台東縣政府社會處擔任約聘行政人員，大學時期從未接觸戶外活動的他，開始利用工作之餘學習衝浪，發現自己很享受在海上等浪的寧靜時光，以及與大自然近距離接觸的感覺。2013 年，看到「台東縣政府熱氣球飛行人才培訓計畫」，決定投履歷參加甄試。

「我這輩子從沒想過進入熱氣球領域，成為其中一員，竟然還做這麼久，或許這就是機運吧，」陳于園回憶，起初單純因為喜歡戶外活動，想試試看適不適合走這條路，沒想到這個動心起念竟成為人生轉捩點。

當時，熱氣球在台灣屬於新興產業，多數報名者沒有相關工作經驗，面試甄選看重的，除了去美國受訓所需的英文聽說讀寫能力，還要觀察報名者的人格特質，因為要讓熱氣球順利起飛、安全降落，需要冷靜沉著、應變突發狀況，要與地面和空中至少五到八人的團隊協力合作，擔任機長的飛行員更要綜觀全場、善於溝通。

陳于園畢業於國立高雄第一科技大學應用德語系，語言能力不是問題；經常接觸衝浪、潛水、滑板、滑雪、爬山、溯溪等戶外活動，需要面對瞬息多變的大自然，不但有熱愛冒險的個性，體力、耐力、平衡感等身體素質也還不錯。更重要的是，可以冷靜處理突發狀況，擁有決策迅速果斷的人格特質；至於在公部門服務的經歷，需要跨單位協調，與外部合作單位溝通，也培養出團隊合作的精神。

陳于園強調，尋找生命方向的途中，每一個嘗試都讓他看到自己的潛力，如果他安於坐辦公室，沒有嘗試戶外運動，或許也不敢報名參加飛行員甄試，他說：「當然也要感謝長官的提攜與鼓勵，讓我有機會加入台東縣政府選送優秀公務人員出國培訓熱氣球飛行員實施計畫，前往美國接受熱氣球飛行員培訓課程。」

回憶起在美國受訓的那段時間，陳于園印象特別深刻的是，抵達美國的隔天，一早七點，教練約略講解操作技巧後，就直接進行術科訓練，要求他接手飛行，「當時真是傻眼，但也沒辦法，只好硬著頭皮上了，」他笑著說，「其實那是我第一次搭熱氣球。」

雖然親手操控飛行器的機會來得如此突然，但陳于園卻用「大開眼界」來形容這個美好經驗，高空特有的遼闊靜謐及俯瞰大地的視角，為他打開一個截然不同的視野，也開啟空中飛行職涯。英文不錯的陳于園，很快融入當地環境，每天跟著教練飛行兩小時，隨時修正操控技巧。他說：「美國天氣很好，地方寬闊，降落點很多，要是這個地方不適合飛，馬上可以開車換另一個地方練習，密集的練習對維持手感和技巧助益很大。」

■ 陳于園在美國訓練，英文底子好的他很快就融入當地環境。

每次飛都是一趟挑戰

不知不覺中，陳于園已經累積 720 小時的飛行時數，常有人問他為什麼會愛上熱氣球飛行，他說：「其實家人對於飛行員工作的安全性相當擔心，常會念我，而且在台東熱氣球嘉年華活動期間，每天凌晨三點就要起床準備，如果下午和晚上還有節目，還得工作到晚上十一點才能就寢，等於一天當兩天用，相當耗損體力。」

「不過，喜歡就不覺得辛苦，何況熱氣球本身就是一頂大型降落傘，其實非常安全。」陳于園分享，而且每次飛行都很獨特，每分每秒風移動的路線都不一樣，他喜歡正面迎接大自然的挑戰，更享受駕駛熱氣球時的全然自由。

手操作著燃燒器，陳于園可以讓熱氣球往上直入雲層，俯視變得愈來愈小的車子，也可以緊貼著地面飛行，沿著地貌高低起伏，甚至在稻田上方低空飛行。只要找到對的風向，想要緩慢前往或急速上下，全掌握在自己手中，短短一小時就有各種不同體驗，是其他航空器所不能及。

常有人以女性熱氣球飛行員稱呼他，陳于園說：「這一行不管考試或工作都沒有性別差異，而且我的美國教練覺得女生也很適合。」事實上，全靠人力駕駛的熱氣球，純粹以燃燒器給火多少來控制高度，就像打籃球一樣，仰賴手感和體感，只要勤加練習，女生也會有傑出的表現。

他也坦言台灣女性飛行員目前僅是個位數，反觀國外的女性飛行員人數眾多，甚至有專屬的全球女性熱氣球飛行員錦標賽（FAI Women's World Hot Air Balloon Championship），陳于園期待未來能有更多台灣女生加入，他說：「我們真的需要更多飛行員。」

驚喜連連的熱氣球旅程

提起難忘的飛行經驗，陳于園分享，有一次，他駕著熱氣球緩緩前行，正悠然欣賞周遭景色時，突然不知哪來一陣強風，讓他一時措手不及，連人帶球被吹得一路往北，在地面追球的地勤後來回報，為了緊盯著球，地勤人員的車速竟飆到 90 公里，等到陳于園想辦法下降時，熱氣球已經飛到 22 公里外的池上，幸好低空的風速算穩定，才能安然降落。

陳于園補充：「其實，民航局對熱氣球升空的天氣條件有嚴格限制，台東的氣候也很適合熱氣球，航道兩邊有山脈屏障，縱谷天候向來穩定，這種情況並不多見。」

還有一次，陳于園載到一位讓他好笑又難忘的小乘客。那是一位年約四年級的小弟弟，表情僵硬的跟著家人進入藤籃後，就緊抿著嘴不講話，在熱烈討論熱氣球的乘客之中，顯得特別突兀，陳于園心想：小弟弟可能只是內向怕生。

升空之後，陳于園突然發現腳下藤籃一直微微顫抖，逐一檢查裝置，排除天氣和球體等因素，開始環視藤籃裡的乘客，猜想也許是受到某人手機震動的影響。

「沒想到我轉頭一看，小弟弟緊緊抓著藤籃邊框，衣角在沒有風的狀況下，居然不斷抖動，這才發現原來是他全身抖到不行，」陳于園連忙安撫小乘客，同時確認情況，開始逐步降低熱氣球高度，找地點降落。

陳于園解釋，一般來說，熱氣球自由飛三十分鐘航程約 9,000 元，所費不貲，乘客事先都會評估自身狀況，一旦升空，再害怕也得先拍個照，即使真的要求下降，其他人大多會出聲阻止，「這時候，飛行員就會建議有懼高症的乘客盡量蹲下，不要往外看，比較容易熬過這段在高空中的時間。」

身為熱氣球愛好者，陳于園自然不會錯過全世界最大的熱氣球嘉年華，他曾跟朋友專程去美國參加每年 10 月舉辦的

■ 陳于園（後排右三）協助台東縣政府舉辦熱氣球教育推廣課程。

阿爾伯克基國際熱氣球嘉年華（Albuquerque International Balloon Fiesta）。為了跟大家一起飛，他還特地跟主辦單位租球，當上百顆五彩繽紛的球一起升空，四周環繞著熱氣球同好，那種被包圍的溫暖，至今回想起來仍深深悸動。

還有一件事讓他印象深刻，當熱氣球降落在超市外的停車場，當地居民竟然個個放下購物袋主動來幫忙，並做出壓艙等標準地勤動作，讓陳于園驚訝不已，後來才得知，阿爾伯克基早在 1952 年就開始發展熱氣球，很多當地居民擔任過地勤志工，做過飛行員的也不在少數，熱氣球已經內化在他們血液中，成為象徵城市的 DNA。

■ 操作立球需要體力與技巧，對女生來說並不是件容易的事。

對熱氣球的熱愛，一輩子不會變

「飛行員真的是一份燒腦的工作，而且動作都要在一、兩秒內做出決定，」陳于園說，「所以熱忱和志向很重要。」從起飛前檢查、跟地勤溝通，到升空後目視飛行，還要回應乘客的問題或幫忙拍照，飛行員的工作並不輕鬆，但這就是陳于園所熱愛的工作，他再次強調：「能做到自己真心喜歡的工作，真的很難得。」

年輕且未婚的他，對於未來的生活已經勾勒出清楚的藍圖，陳于園笑說：「如果結婚有家庭，凌晨三點起床，飛完熱氣球回家，差不多早上八點，老公和小孩可能才睡醒或還賴在床上，甚至完全不知道我已經出門執行完一趟任務，對家庭生活應該不會有任何影響吧。」

不過，陳于園也認真的表示，隨著年紀愈來愈大，體力的確是目前最大的挑戰，但是他打算一直飛下去，甚至有個夢想，想買一個屬於自己的熱氣球，「曾在國外看到六十幾歲退休的建築師，帶著球，參加五大洲的熱氣球嘉年華，到處去旅遊，希望將來有一天，自己也能以這種生活方式，延續我的飛行夢。」

第十四章

地勤總指揮李仁生

球在哪裡，他就在哪裡

從第一屆台東熱氣球嘉年華就擔任總指揮的李仁生，
是建立台東熱氣球地勤標準作業流程的關鍵人物。

提起地勤，多數人的印象或許會停留在航空公司或高鐵內光鮮亮麗、一身俐落的地勤人員；你很難想像，在熱氣球活動中，地勤人員占有舉足輕重的地位，更有趣的是，從 16 歲到 70 歲，只要有興趣，都可以擔任熱氣球地勤工作。

李仁生的名片上，印著「台東縣飛行運動協會／教練組組長李仁生／台號士官長」，身穿橘黃色飛行傘制服的李仁生說：「我從 1993 年開始從事飛行傘飛行員的工作，士官長是我的無線電基地台台號，而擔任台東熱氣球嘉年華的地勤總指揮工作，則是一年一次的兼職幫忙。」

即使謙稱只是兼職，李仁生細數台東熱氣球的歷史，驚人的記憶絲毫不遜於主辦單位的工作人員，他貼心的補充細節和人名，看得出對這份工作的重視。曬得黝黑的圓臉上，猜不到年紀已經 67 歲，睜著渾圓雙眼的堅毅表情，和踏實穩重的矮壯身材，難怪民航局和飛行員一看到他就放心，似乎只有他扛得住指揮上百名人員的「地勤總指揮」名號。

「其實熱氣球地勤稱不上是個行業，屬於季節性兼差，但有機會接觸世界各國的飛行員，就像做國民外交，」李仁生分析，地勤人員同時要保持學習的精神，並接受領導，跟各種不同年齡、行業的人一起工作，對於未來職場生涯都很有幫助。

動員幫忙，找資源出人力

之所以投入完全陌生的熱氣球地勤工作，是由於 2011 年鹿野鄉鄉長林金真的一通電話：「老ㄟ，台東縣政府要辦熱氣球活動，找不到人，拜託你能不能參加地勤人員受訓。」李仁生笑說，因為曾擔任過鹿野鄉鄉長，所以現任鄉長都暱稱他「老ㄟ」。

與此同時，包括台東縣政府第一屆主辦熱氣球嘉年華的康寧大學工作人員，向飛行傘同好打聽，找到李仁生，希望他協助，主要是因為李仁生曾當過民意代表，跟各界人士熟悉。李仁生回憶：當時前經濟部部長陶聲洋的兒子陶乃俠，因為是飛行運動愛好者，又曾擔任中華民國飛行運動協會理事長，有一次帶著擔任台東熱氣球嘉年華國內飛行總指揮的黃慧琦老師來找我，說：「地勤找李仁生就對了。」

■ 飛行員總指揮 Bakker（左）與地勤總指揮李仁生（右）合作無間，是熱氣球嘉年華活動順利進行的大功臣。

那時候李仁生剛離開台東縣肉品市場總經理的職務，時間上可以配合，跟台東縣飛行運動協會理事長鄧達義報告並獲得同意後，帶著可以受訓的飛行傘飛行員一起參加地勤訓練，後來甚至接手整個熱氣球地勤作業。

事實上，要讓一顆熱氣球飛起來，必須空中的飛行員和地面的地勤團隊密切配合才行。飛行員可以從外國聘請，地勤則必須從在地尋找。「一切從零開始，」李仁生兩手一攤，語氣堅定的說：「既然接下工作，就得開始找人找車。」

舉辦第一屆台東熱氣球嘉年華時，在台東可說是件大事，各鄉鎮公所甚至義消，都得派人接受地勤訓練，「當時我們預估需要十五至二十位受訓過的地勤人員，很快就找齊了，尋找車輛才是最花時間的，」李仁生土法煉鋼，開車到處去找，看到可用的車，就問車主時間能否配合？可否

■ 雖然地勤人員多半是因應活動招募而來的臨時人力，但李仁生（右一）對他們的訓練絲毫不馬虎。

支援嘉年華？李仁生略顯得意的說：「幸好有做過鄉長的經驗。」運用豐沛人脈，順利找到兩部車，工作開始動了起來。

軍人本色，建立地勤制度

「因為這是台灣首度引進熱氣球，就連民航局都不知道怎麼規範熱氣球的地勤作業，」李仁生分享，第一年的做法，是請應邀來台的泰國飛行員教導地勤工作，利用一天半的講習時間，介紹熱氣球的結構，如藤籃、支架、球皮、風扇、燃燒器及各自功能，並了解冷膨脹和熱膨脹等基本立球技巧，以及熱氣球如何降落地面、地勤要怎麼收球等基本知識。「大概是球在地面上的所有工作，其他的飛行員也沒時間教，」李仁生直言，幸好有隨著熱氣球入境的泰國和印度地勤人員偕同支援。

熱氣球地勤並不容易，只有幾個人加上兩部車，就得完成所有工作。譬如：車子要先去池上載丙烷燃料、從機棚把熱氣球運送至會場，還要負責當繫留升空熱氣球的定錨。李仁生笑著說：「那時候並沒有嚴格規範，如果風太大，車子拉不住熱氣球，有經驗的外國地勤還會教我們直接把繩子綁在樹上。」此外，當時天氣變化不如現在這麼大，活動時間會盡量延長到不能再進行，以繫留來說，甚至還可以到晚上八點才結束，李仁生說：「現在的規範很嚴格，其實有點可惜……」

有了第一屆經驗，台東熱氣球嘉年華一屆接著一屆辦下去，由於地勤是兼差工作，人員流動率大，每一屆幾乎都有新進地勤人員，問起李仁生如何管理？他說：「我在部隊工作十年，當過班長、副排長，25 歲從 81 炮士官長退伍後，做過鄉長、民代議員，之後擔任十三年的肉品市場總經理，也長期從事飛行傘飛行員，擔任高階教練職，在職場一路都肩負著領導幹部的角色，這些經驗對我在統籌管理地勤作業時有深遠影響。」

每次地勤講習的最後階段，李仁生也會到課堂上跟受訓者講講話，意謂著訓練這批新人的重責大任至此交到他手上，隨著參與受訓的地勤新手愈來愈多，李仁生認為有必要分享歷屆觀察和實作經驗，因此制定作業守則，有助避免新人犯錯和加速學習，如果地勤無法遵守規則，李仁生就會嚴厲指導：「做事不能放肆，要是抓到，明天就不用來上班了。」

這些守則從基本服裝儀容開始，到地勤作業流程都含括在內。李仁生說：「首先，女生若是長頭髮，就要綁起來；太陽眼鏡、手套、長褲和一雙好穿的鞋子則是必備，最好有雨靴；在場區或起球時，地勤人員不可以抽菸，更不能喝酒，這些規則不是為了美觀，而是基於安全考量。」

長髮怕被繩子纏到，長褲和鞋子方便活動；盯著天空追球時，太陽太大視線會不清楚，戴上太陽眼鏡便能解決這個問題；靠燃燒丙烷升空的熱氣球，機棚和藤籃裡儲放著燃料桶，抽菸恐怕有引燃的危機；宿醉會拖慢動作和反應，無法應付必須快速反應的熱氣球工作。

不管在哪裡，我都會找到你

李仁生驕傲的說，地勤作業程序是多年來團隊共同建立起來的經驗與資產，並經過多次實際操作，與參加嘉年華的各國飛行員互相配合，幾乎每一位飛行員都可以為這套程序認證，就連前台東縣縣長黃健庭與天際航空董事長林佑真在訪談期間，都不只一次豎起大拇指提到：「我們的地勤團隊真的太專業了，連國外飛行員都說讚。」

■ 只要李仁生在現場，飛行員和地勤人員都感到安心。

不僅服裝儀容及身體狀況，作業程序也記錄了地勤工作的每個步驟。活動前拿到參與的熱氣球資料後，地勤指揮中心會先依據不同熱氣球的需求，分配人員和車輛，在前一天完成初步編組。

活動第一天開始，凌晨三點半就得集合，現場依人員體重分類並進行小幅調整，各組人員確認、選出組長後，列隊集合至負責的熱氣球飛行員面前。

此時，李仁生就會將隊伍交給身高 193 公分的荷蘭籍飛行總指揮 Wout Bakker，由他來介紹各個飛行員，李仁生笑著說：「我跟 Bakker 兩人站在一起，看起來就像天龍地虎，他管天，我管地。」

追球的流程也詳列在作業程序裡，包括車子的管制和出發順序（各組組長先行，其次是貨車）；到降落現場後，地勤應該要站在球的哪個位置，一切都必須記載得清清楚楚。等到結束行程，收完球，回到庫房裡，李仁生再集合所有地勤人員進行勤務檢討，提醒要留意的地方，同時宣布明天的行程，整套流程運作迄今十分順利。

有了完善的地勤流程，不僅讓地勤人員可以安心作業，飛行員也會很安心。李仁生霸氣的說：「我經常告訴飛行員，做為一個地勤指揮官，我負責管理地勤，無論你飛去哪裡，我們絕對會把你找回來。」

這不是句空話，李仁生經常提醒學員，很多國外飛行員第一次來台灣，對地形、氣候都不清楚，讓他們放心在鹿野飛行，是地勤最基本的任務與承諾。李仁生更曾經帶著地勤，一路追著熱氣球，前往遠在規定飛航範圍之外的初鹿牧場和卑南國中，把人和球安全帶回來。

這算是地勤任務中，印象最深刻的事情嗎？「當然不是，2014 年曾發生一件大事，讓我的心一直揪在半空中，緊張又不安的情緒至今難忘，」李仁生回憶，那天下午，三位台灣飛行員要進行自主訓練，升空後被強風吹著，一路往中央山脈飛去，當時，李仁生接到地勤人員打電話來，不知所措的請求協助，他急忙開車趕到，接手現場指揮權，領著車隊估算熱氣球飛行的路徑，超前追到武陵去等。

「沒想到熱氣球又被強風吹往溪流飄去，我們只好沿著溪谷狂飆，直至開到沒路可走，」李仁生說，遠遠看到熱氣球沒入高空的雲層，他只好急著用無線電呼叫，卻怎麼都聯絡不上飛行員。當時已經是晚上六點多，天色都黑了，不僅提高地勤人員找尋熱氣球的難度，就連飛行員也不容易看到地面的降落點，「當時心情很沉重，」李仁生表示，一群人無奈返回村莊，才想到詢問當地居民晚上會吹什麼風，一聽到風會從山上吹下來，他的心情頓時平穩下來，心想至少

■ 多年協助熱氣球嘉年華工作，李仁生（中）已經與國外飛行員培養出良好默契與感情。

■ 熱氣球飛行的整趟旅程，地勤人員必須在地面上跟隨，並等待熱氣球降落時協助善後。

飛行員們不會被困在山區。

不可思議的，那顆熱氣球居然真的跟著山風，往南沿著山飄了回來，盯著天空等待熱氣球返航的留守地勤，一看到球的蹤影，馬上無線電通報李仁生，他便帶著一群人立刻衝過去。

當時，飛行員無法順利讓球下降至適當高度，甚至拋出有救命繩稱號的一條黑繩，幸好看到球飛過來的鄉民主動集結到紅葉國小，幫忙拉繩子，合力將熱氣球往下拉至地面，等李仁生的車子趕到時，村民還幫忙壓球，方便地勤人員進行後續收球作業，整個事件才平安落幕。

雖然虛驚一場，但這件事讓李仁生深切體會到地勤的重要性，與肩負乘客及飛行員安全的重責大任，更使他感受到熱氣球產業已經與鹿野鄉及在地居民緊緊相繫的關係。他感性的說：「因為當過鹿野鄉鄉長，一直將推動地方發展掛在心上，要不是想回饋熱情鄉民的支持，其實地勤工作相當辛苦，而且一年一次的活動期間才有收入，但熱氣球產業確實能為台東帶來驚人的經濟發展，只要有機會能貢獻一己之力，我會繼續努力下去。」

花絮

熱氣球傳承，地勤總指揮新血接棒

地勤團隊無疑是台東熱氣球嘉年華成功的幕後英雄之一，2020 年地勤總指揮的棒子，也從創始元老李仁生手上，交棒給地勤出身的台東子弟　田葛迪瑪。

田葛迪瑪從第三屆開始加入地勤工作，當時台東熱氣球剛起步，整個地勤團隊有著「做好給全世界看」的使命，每個人幾乎是求好心切的完成每一個任務，讓來自世界各地的飛行員刮目相看，他也是其中一個。加上懂英文，很快就跟飛行員打成一片，甚至有英國飛行員來台兩個月之後，不只鼓勵他去考熱氣球飛行員，還把自己珍藏的考試祕笈送給他。

後來田葛迪瑪雖然轉換跑道去當國際導遊，不過還是常常帶團到土耳其、埃及，他笑說：「跟熱氣球很有緣！」去年，當被詢問是否有意願接下地勤總指揮的任務時，田葛迪瑪雖然知道任務艱鉅，但他沒有絲毫猶豫一口答應，因為「這是一份殊榮」。

地勤工作小至裝備保全、環境清潔，大到奔波追球、救球，還要能扛得住各方壓力，這些責任全落在總指揮的肩頭上，他苦笑著說，「光是排班就很難，每隊成員組成要考量體重跟力氣的平衡，每顆球又搭配特定的一組人，為了配合《勞基法》安排輪休而換人時，還要安撫飛行員的抱怨，真的很燒腦力。」

所幸，田葛迪瑪有信賴的團隊支援，讓他專注在團隊管理上，他也發揮過去領隊的經驗，透過溝通凝聚團隊士氣，讓大家辛苦但愉快的迎接每一天的挑戰。維持過往全世界都說讚的好口碑外，田葛迪瑪也希望注入一些不同的元素，鼓勵地勤人員增加與現場觀眾的互動，把整場熱氣球活動營造得更像嘉年華會一樣熱情，讓來訪的遊客帶著愉悅的體驗回家。

■田葛迪瑪（右一）自 2020 年熱氣球嘉年華開始，接棒地勤總指揮的工作。

第十五章

現場主持人許裕昌

他，
左右了全場情緒

舞台上活力充沛、熱情四射的魅力，帶動現場觀眾的情緒，長期擔任主持人的許裕昌，可說是活動的靈魂人物之一。

許裕昌是全球主持熱氣球活動最久的紀錄保持人，最長73天，而且一天三場，充沛的活力點燃現場氣氛。許裕昌自我解嘲說，他本來可以唱周杰倫的key，現在只能唱郭金發的〈燒肉粽〉，因為長期講話導致嗓音沙啞，反

■ 十年來，許裕昌在熱氣球嘉年華期間，見證了許多情侶的愛情開花結果。

而成為特色，如今只要在台東大街小巷一出聲，就會被認出是台東熱氣球嘉年華的主持人，「這也是種甜蜜的驕傲吧，」許裕昌笑著說。

說起十年來主持台東熱氣球嘉年華的經驗，各種狀況層出不窮，有些激勵人心，更不乏感人肺腑的，細數過往點滴，許裕昌時而略帶哽咽，時而不經意流露出自豪不已的語氣。

他形容這是一份賣命且低薪的工作，但想到可以幫助這麼多人圓夢，有機會聽到各種令人動容的生命故事，便深感無比幸福，即使中國大陸的熱氣球活動主持邀約不斷，許裕昌仍然盡量排開行程，將時間保留給台灣熱氣球嘉年華活動，期待自己每一屆都能參與其中，持續守護著藏在心中的浪漫承諾。

■ 具有媒體經驗的許裕昌，拿起麥克風一點都不陌生。

2011 年全動員，看見希望升起

人稱「昌哥」的許裕昌，是1993年返鄉回流的台東人，他說：「以前在外地求學工作時，每次被人問起從哪裡來，都不敢明講自己是台東人。」因為不管是政府或民間單位所做的調查，全台灣最窮的縣市不是台東就是雲林，台東彷彿與貧窮畫上等號，但自從台東開始舉辦熱氣球嘉年華後，台東人終於看到改變城市命運的一絲希望。

之所以接手第一屆台東熱氣球嘉年華的主持工作，許裕昌回憶：因緣際會下，有機會到台東縣政府的新聞單位協助媒體宣傳工作，當縣政府爭取到經費，決定舉辦熱氣球嘉年華時，黃健庭希望借重他的長才，對外推廣台東觀光。

「一開始是負責媒體宣傳，後來會接下主持工作，說起來是個巧合，」許裕昌說，執行單位起初編列了委外主持的經費，但原本找到的主持人太年輕，而且不了解熱氣球，無法掌握現場狀況，清楚表達活動內容。

縣政府團隊一看情況不對，馬上召開臨時會議，決定找人替補。「當時大家不約而同把眼光投向我，」許裕昌回憶，在有限資源與時間下，縣政府不可能再往外找尋更適合的人選，而許裕昌做過電視媒體，對麥克風並不陌生，加上又親自參與整個籌辦過程，比別人了解活動和熱氣球多一點，眼見團隊的熱切眼神，許裕昌只好毅然接下麥克風，這一拿就是十年。

回想起第一屆舉辦的過程，許裕昌說：「當時，短短半年就開了七百多場會，設想各種熱氣球可能發生的狀況，包括如果降落到山區，需要搜救大隊協助；現場要是燒起來，要有消防車備援；擔心熱氣球不小心降落到海上，我們連海巡署都去電聯繫。」

真的到了 7 月 1 日那天，雖然當時規模跟現在完全不能比，但民眾光看到熱氣球就覺得好棒，許裕昌舉例：當時有一顆造型球是巨型環保袋外型，看起來並不特別，但民眾此起彼落的驚喜聲依舊不斷。到了活動第二週，只剩下紅色、黃色兩顆熱氣球，遊客還是玩得很開心。

「第一屆因為經費有限，縣政府團隊必須自行負責所有事務，連科長、處長全都出來帶位指引、賣票或賣紀念品，」許裕昌很喜歡這種一起打拚的革命感情，認為很少有政府機關可以做得到。直到 2012 年，第二屆台東熱氣球嘉年華活動開幕那一天，清晨四點多，他看到現場人山人海的排隊人潮時，就知道這把火被點起來了，台東看到了未來的希望。

因為昌哥，嘉年華才像嘉年華

問起如何才能做一位稱職的主持人，許裕昌說：「每次拿起麥克風，我就是把自己懂的、知道的都分享出來。」譬如，他會首先公布當天氣候適不適合熱氣球飛行，其次則說明這屆有哪些熱氣球和各自特色，再來介紹附近有哪裡可以玩，接下來就是跟群眾分享現場觀察到的小故事，以及臨場發揮的笑話。

■ 除了炒熱氣氛，許裕昌也會適度活絡現場等待民眾的情緒。

■ 巨型環保袋造型熱氣球在會場出現，讓現場民眾驚喜聲不斷。

但其實，許裕昌做的遠遠不僅如此，身為現場主控，為了炒熱現場氣氛和提升民眾的參與感，他自己延伸出許多流程，譬如每日飛行員進場介紹、放球儀式，以及晚上不定期的 All Burn 活動等，都是台東熱氣球嘉年華特有的橋段，許裕昌甚至為每一段都設計專屬搭配的台詞。

事實上，其他國家熱氣球嘉年華的每日開場很簡單，飛行總指揮和飛行員會先在場地集合，由總指揮放開一只充滿氦氣的小測風氣球（Piball），藉由觀察小氣球升空後的動向，來了解不同高度的風向和風速，做為當天操控熱氣球的參考。

同樣的 Piball 儀式，在台東就不一樣了，做得熱鬧又讓人期待。許裕昌分析：「日本和中國大陸的熱氣球嘉年華是一種運動賽事，歐美以非商業性質的自由飛為主，至於台灣則定位在全民參與的觀光盛事。」因此，現場參與的觀眾，有機會搭乘飛行員操控的繫留或自由飛熱氣球，對飛行員一定會產生好奇，所以在 Piball 儀式之前，許裕昌刻意加上一段介紹飛行員的環節。

訪談至此，許裕昌即興演出，現場馬上示範進場台詞：「掌聲加尖叫聲來歡迎他們，特別是身高 193 公分的 Mr.

■ 活動期間經常出現感動畫面，許裕昌也會適當傳達給現場民眾知曉，讓全場瀰漫感動幸福的情緒。

Bakker，因為他長得高，看天氣比較準，所以當飛行總指揮，能不能飛全靠他一句話，現在掌聲愈大聲，今天就愈有機會飛上去。」主持專用的高亢語氣，活靈活現，讓人一聽就不自覺跟著許裕昌的表情、聲音與動作，進入他所形容的畫面。

飛行員進場後的 Piball 儀式，更是精采不能錯過。有別於其他國家由飛行總指揮放球，台東改為現場找來數名美女觀眾一起放球，被暱稱為 Piball Girl。當初其實是為了小小的宣傳心機，希望這些 Piball Girl 在社群媒體分享放球畫面，透過臉書或 IG 擴散出去，讓更多人知道台東正在舉辦熱氣球嘉年華，沒想到因此而大受歡迎。

「起初，要找到願意參與的民眾並不容易，」許裕昌說為了說服他們，還刻意表示由美女放球是國際慣例，幾屆下來形成特色後，甚至放寬讓小朋友參與，許裕昌略顯得意的補充，中國大陸後來也學了這一套。

至於有「小光雕」之稱的 All Burn，也是許裕昌想出來的。如果天候許可，黃昏時分會安排飛行員同時噴火，每一顆繫留的熱氣球，和在地面展球的熱氣球，配合燃燒器一起發出轟轟聲音，同步亮了起來，為視覺和聽覺帶來強烈衝擊，而不同位置的球，高低呈現出立體美感，跟夜晚排成一線的光雕秀，有著截然不同卻一樣震撼的感受。

這場為當日活動所做的精采結尾，是所有遊客包括在地民眾每天都很期待的重頭戲。許裕昌笑著說，嘉年華活動主場地鹿野高台有一家老王咖啡店，老闆的兩個小孩從小聽他主持嘉年華長大，每次去喝咖啡，小朋友還會爭相背出他專為 All Burn 設計的台詞。

暖心幫圓夢，忍不住的眼淚

曾是報社記者，擔任過地方電視台副總兼新聞部經理的許裕昌，有著媒體人敏銳的觀察力，他綜觀活動現場，挖掘出一則又一則小故事，分享給現場觀眾，甚至主動幫忙促成心願，為參與民眾、也為每一年的活動留下最美回憶。

即使事隔多年，許裕昌至今述說故事時，仍激動不已。「第一天我就注意到他們父子了，趙爸爸推著輪椅，椅子上癱坐著 16 歲的年輕人翔翔，沒有候補機會的他們，只能失望的離開現場，」許裕昌回憶，台東是翔翔父子七天環島旅行的第三站，翔翔一心期盼著搭乘熱氣球，好不容易第二天早上五點，父子倆幸運排到候補票，卻因為罹患腦性麻痺的翔翔無法自主站立和抓緊藤籃，被工作人員以安全理由拒絕乘載。

許裕昌私底下找來現場、地面和飛行等三位總指揮溝通，最終取得共識並徵得飛行員同意，以氣流穩定為前提，破例在藤籃裡放椅子，讓翔翔可以坐在裡面。當時許裕昌在現場廣播，分享這個故事，並說明翔翔的特殊情況，當飛行員從趙爸爸手上接過翔翔、進入熱氣球時，全場民眾紅著眼眶為父子鼓掌，許裕昌的男兒淚也止不住的流下來。

宏宏父子的情況剛好相反，罹患小兒麻痺的是張爸爸，為了完成兒子寫在聯絡簿上的暑假願望，騎著殘障三輪摩托車，載著小學二年級的宏宏從台北內湖出發，在第三天中午趕至台東，「光想到父子倆頂著烈陽，騎將近 400 公里的路程，我就為他們感到辛苦，」許裕昌說。

然而，那一天下午準備熱氣球繫留升空時，居然下起雨來，不捨苦候許久的眾人失望神情，許裕昌跑去跟飛行員討論，飛行員也同意，只要雨小一點，即使地上仍是濕的，至少把球立起來，提供現場民眾拍照留念。「這時我心想，如果可以幫這對父子一圓飛行夢，豈不是更好？」於是許裕昌再度與飛行員、地面和飛行總指揮商量，並廣播詢問在場民眾的意見，得到的回應是如雷的掌聲。

當張爸爸堅持放開兩支拐杖，牽著宏宏的手進到藤籃，那一幕再次讓許裕昌雙眼濕潤泛紅，就在那一刻，當熱氣球立起來時，現場的雨居然停了……「這或許是因為一個善念所產生的轉變，」許裕昌說，宏宏父子從中午開始等了六個小時，最後不但搭上熱氣球，還可以繫留升空，就連買票的上百位遊客，後續也都順利升空。

感情放很深，嘉年華的事就是我的事

即使主持了十年，提起嘉年華，昌哥仍有滿到溢出來的熱情，別人的肯定更是讓他心心念念，懷著要把這場秀主持得歡樂有活力的動力。他曾在 2013 年借調至縣政府教育處，「沒想到那一屆的嘉年華，縣長接電話接到快瘋掉，隔天馬上借調我去主持，」掩不住驕傲的神情，許裕昌補充別人的說法：「只要有昌哥，全場就搞定」、「沒有昌哥的熱氣球嘉年華，好像缺少些熱情」，當地店家也說，只要是許裕昌拿著麥克風，民眾留在現場的時間好像就會比較久，消費力自然提升。

「熱氣球是巨大美麗而且充滿浪漫的，是很多人童年時候的夢想，」許裕昌心知肚明，很多人懷抱希望來台東熱氣球嘉年華活動現場，就是為了圓夢，但熱氣球升空與否全看氣候，老天爺寫的劇本天天不一樣，台東縣政府團隊隨時準備就緒，只要有一絲可能，大家絕對盡量溝通爭取，甚至曾經動用二十名地勤人員，在大風裡強行立起一顆球，就是希望不要讓民眾失望，大家都能欣賞到熱氣球。而做為一位主持人，不僅要能體察現場每一位民眾的心願，更要挖掘出感動、激勵人心的故事，或許，這就是許裕昌跟其他主持人不一樣的地方。

■ 造型多變的熱氣球，總能吸引孩子們的目光。

第三部

影響

跟全世界交朋友

一顆熱氣球可以帶來什麼影響？

它讓世界看見台灣，

它推動了新興產業在台灣落地生根，

它活絡了台東的觀光旅遊產業，

它也讓社區居民，因為熱氣球，

看見世界，看見身為台東人本就應有的自信心。

第十六章

讓世界看到台灣

當代表台灣的國旗及熱氣球在異鄉的天空揚起，
全世界已經透過幸福及希望的方式，看見台灣價值。

當第一道陽光躍出山谷，照映在平靜無波的湖面上，散發出柔柔的光芒，南半球的3月，還是初秋的時節，涼爽空氣中伴著湖光山色，一顆顆五彩繽紛、形狀獨特的熱氣球群起升空，這是澳洲首都坎培拉的年度盛事，名列世界第四大的熱氣球嘉年華（Canberra Balloon Spectacular），至今已經舉辦了三十五年。

■ 2013年，時任駐澳大使張小月（右二）、台東縣縣長黃健庭（中）及觀旅處處長陳淑慧（左一），搭乘代表台灣的熱氣球飛向坎培拉的藍天。

■ 各國熱氣球匯集在澳洲坎培拉的天空，十分壯觀。

2013 年 3 月，坎培拉的空中如常飄揚著上百顆來自世界各國的熱氣球，其中，有一顆熱氣球界的新成員，球面上繪著五位身穿台灣原住民服飾的孩童，手牽著手，上頭還寫著「TAITUNG Taiwan's Treasure」字樣，繪畫風格簡單、亮麗，滿滿童趣，這是台東縣政府出資製作的「台東一號球」，這一次也是它的國際首航。

「當台東一號球出現在大家面前的時候，許多外國人眼睛為之一亮，現場雖然還有歐洲、美國、英國等國家的球，但台東一號球清新可愛的模樣，讓看到的人都想知道『台東在哪裡？』」時任駐澳洲大使張小月回憶起當時的狀況，台東一號球首次海外之旅，令他印象非常深刻。

不光是外國人覺得驚豔，當地的僑胞、留學生及度假打工的年輕人，一聽到台灣有熱氣球要來坎培拉參加活動，紛紛排開手邊行程，就為要到現場親眼目睹。張小月說：「在活動前幾天，一號球與台東縣政府團隊就已經抵達坎培拉，尚未起飛前會先充飽氣，停留在坎培拉舊國會大樓前廣場，大家都跑去看，搶著跟台東一號球及團隊照相，那是一種很棒的凝聚力，促使大家團結在一起。」

「你們的球不能起飛！」

當時，大家最常問的問題就是：何時要起飛？沒想到正當台東縣政府團隊受到僑胞熱情歡迎的同時，內部竟正面對著極大危機。率團出訪的黃健庭回憶：「我們事前早已將相關文件資料送到澳洲，沒想到開幕前幾天突然被告知，台東的球不能飛，當下心情宛如從雲端掉到谷底。」

■ 為了順利讓台灣球在澳洲飛行，許多國外友人紛紛提供協助。

帶著國人期待前往澳洲，希望讓國旗能首次在海外的熱氣球嘉年華活動飄揚，抵達後又受到僑胞熱情歡迎，卻臨時被告知無法起飛，打擊之大，讓團隊的士氣非常低落。

此時，黃健庭緊急聯絡台灣駐澳洲代表處尋求協助。根據駐澳洲代表了解後得知，澳洲民航安全局（CASA）認為，台灣不是國際民用航空組織（ICAO）的會員，所以即使備齊資料，仍無法像其他會員國一樣，完成書面審查後就可以飛，加上當時台灣熱氣球才剛起步，在世界上不具知名度，因為攸關飛航安全，澳洲民航局不能放飛。

「這是台東一號球第一次出國，更肩負著發展熱氣球觀光的使命，只許成功不許失敗！而且只有三天時間努力，三天後活動就要開始了，」回憶當時，張小月的語氣忍不住急切了起來。

張小月當下緊急聯絡外交部亞東太平洋司，商請他們協調澳洲民航局派專人來做安全檢查，他說：「民航局官員人在雪梨，活動地點卻在三小時車程外的坎培拉，而且又適逢週末，到底能不能在活動開始前取得飛行許可，沒有人敢保證，壓力之大，外人無法想像。」

好不容易等到檢查人員專程從雪梨趕來，現場對台東一號球進行安檢，並審查相關資料，但檢查人員語帶保留的說，即使檢查過關，也不能保證就能拿到飛行許可，此話一出，再度重擊團隊信心。張小月說：「大家的心就這樣懸得高高的，一直等到活動正式開始前一天的下午四點半，我們才接到通知說：『可以飛了！』我記得當時真的是鬆了一口氣。」

2013 年 3 月 13 日，上午七點，當第一道曙光照射在已充飽氣、蓄勢待發的台東一號球的同時，也照亮了台東的熱氣球觀光之路。由台灣培訓的首位女性飛行員吳金曄執飛，台東一號球在滿場國外遊客與台灣僑胞、留學生及度假打工國人的注視下，緩緩升空，熱氣球下方的藤籃上，掛著青天白日滿地紅的國旗，跟世界說：「Hi ！」

歷史性的一刻，黃健庭也搭上首航飛行，他說：「這成為我永生難忘的早晨。」從 Stromlu 運動公園起飛，台東一號球緩緩飛過坎培拉市區，從上空往下看，映入眼簾的景象與台東很不一樣，一棟棟造型別出心裁的舊國會大樓、國家藝廊、博物館和戰爭紀念館等建築，城市重要地標盡收眼底，這也正是坎培拉熱氣球嘉年華的一大特色。

國旗海外飄揚，熱氣球外交成功突破

從空中俯瞰，用全新角度欣賞自己派駐的國家，張小月依舊難掩興奮的說：「那是一次很讓人激動的體驗，因為在國外可以搭到自己國家的熱氣球，而且藤籃上還掛著國旗，現在想起來，好像是昨天才發生過的事，這份感動太難忘。」

張小月也觀察，熱氣球是一種非常能展現團隊合作精神的活動，因為展球、立球、升空、降落到收球，都需要大家群策群力參與，那時候在坎培拉因為工作人員不多，現場僑胞或外館人員也都自動自發一起來幫忙，還會開車追著球跑，「這種共同參與感非常新鮮。」

■ 不只澳洲，台灣的國旗也曾在美國熱氣球嘉年華中飛揚。

台東一號球除了在外館人員心中留下深刻印象，當黃健庭在駐澳洲代表處引薦下，與坎培拉市政府官員及市議員會

■ 坎培拉在地華人及留學生，知道台灣熱氣球要來，都興奮的前來協助。

面時，也成為熱門話題。雙方當天就市政建設及熱氣球觀光發展交換意見，當下台東縣政府也提出邀約，希望澳洲能再來台東參加熱氣球嘉年華。

同年，台東一號球再轉往越南，接著年年出訪，從北美的加拿大、美國，到東南亞的菲律賓、馬來西亞，再繞到南半球參加紐西蘭熱氣球嘉年華，甚至回到它的出生地西班牙參加活動，帶著國旗與台東的名字，跑遍四大洲十二個國家，台東一號球上面的五個台灣原住民孩子手牽著手，也讓台東與各國一一牽起手，和世界交朋友。

以球會友，建立熱氣球家族

細細回想台東一號球的誕生，開啟了讓台東可以「以球會友」的契機。譬如加拿大從第一屆台東熱氣球嘉年華開始，就借球給活動展出，彼此淵源很深，加拿大籍飛行員 Claude Bachand 還曾經來到台灣，支援熱氣球夏令營的教學活動，分享飛行經驗。

台東一號球到菲律賓參加盧堡國際熱氣球嘉年華活動時，雙邊城市也簽署觀光合作備忘錄，希望藉此讓兩國搭起更快速的觀光橋梁，也藉由對熱氣球的共同喜好，同時結合泰國、馬來西亞等東南亞各國結盟行銷，邀約世界各地的亮眼造型球，以一程多站的概念巡迴演出，彼此互惠、互蒙其利。

陳淑慧也強調：「有時候活動辦著辦著，體內細胞熱度難免降溫，但透過持續參加國外熱氣球活動，可以讓飛行團隊及縣政府同仁再度注入新的刺激。我們也藉機向許多資深的熱氣球主辦國吸取經驗，讓活動辦得更圓滿。」

因此，像是台東熱氣球嘉年華有專門提供給國外飛行員的「芳鄰日」，就是取經自加拿大，結合鹿野、知本、池上等地的店家，像接待家庭一樣，各自選定不同日期，招待國外飛行員食宿，或提供特色的在地體驗，讓遠道而來的國外訪客能有賓至如歸的感受，進而愛上台東這塊土地，台東以球會友的熱氣球家族才能年年壯大。

■ 從 2012 年開始，每年有國外訪客來熱氣球嘉年華，台東縣政府都會舉辦歡迎會，甚至為國外飛行員舉辦芳鄰日。

第十七章

熱氣球能不能飛，他說了算

十年前，當台灣對熱氣球活動還一無所知時，
多虧有荷蘭籍飛行總指揮 Wout Bakker 的協助，
才能踏出穩健的第一步。

身穿藍色飛行員 polo 衫、高大挺拔的身形，加上酷酷的表情，初次見面總會讓人感覺有點距離，但其實他是最支持台灣發展熱氣球的外國好朋友、熱氣球嘉年華飛行總指揮——Wout Bakker。

來自荷蘭，從 2012 年台東熱氣球嘉年華開幕以來，Bakker 就擔任整個活動的飛行總指揮，至今已經第十年。他說：「我飛熱氣球已經超過二十年，飛行員最喜歡挑戰的就是到世界不同的地方去飛球，所以當我聽到台灣也有熱氣球，就覺得很有興趣。」沒想到，這一來就愛上了台東，也一肩扛起飛行總指揮的艱難挑戰。

飛行總指揮一肩扛起壓力

身為熱氣球嘉年華的飛行總指揮，最重要的工作就是確保活動安全進行。這句話聽起來很簡單，但實際上要顧及的細節之多，外人難以想像，尤其像熱氣球是一個全靠風力操控的飛行器，環境中任何會影響風向與風力的變因，事前都要做功課，進行深入研究與調查，更何況 Bakker 他還是個

■ 與台灣結緣十年，Bakker 已經成為台灣人的好朋友，參與活動的熱情民眾也經常找他拍照。

外國人，對台東的地形、氣候都不熟悉。

Bakker 分析：「跟歐洲或美國等國家相比，台東的天氣其實複雜很多，一邊有高山，另一邊又是溫暖的海洋，第一年我們花很多時間研究台東的地形與氣候型態。」此外，活動進行前，飛行員團隊會先施放 Piball，一直飛到 1,000 公尺高空，在上升過程中，Bakker 就會仔細觀察風向的變化，因為高度不同風向也會不同，當風向或風速不適合飛行，就會下令取消熱氣球飛行。

「我就曾經為了能不能飛跟 Bakker 吵架呢，」陳淑慧笑著說，因為現場風速感受起來，差不多是騎腳踏車時迎面吹來的微風，但 Bakker 卻說不能飛，陳淑慧為了不讓現場數千位遊客失望，還跑去跟他爭論，卻不知道對於熱氣球來說，這樣的風力就可能會有危險，陳淑慧觀察：「Bakker 他真的很能扛得住外在壓力，不行就是不行，誰來說都改變不了他。」

除了判斷當天能不能飛，從活動前的試飛開始，Bakker 對於會場上每顆立起來的熱氣球，都會再去一一進行安全確認，甚至拿起工具調整熱氣球裝備。每當熱氣球自由飛往南邊時，就可看到 Bakker 騎著腳踏車，前往視野較佳的飛行傘起飛場，目視確認每顆熱氣球的飛行狀況，只要看見他騎回會場，大家就知道熱氣球在安全飛行範圍內。

飛行總指揮與飛行員不同的是，飛行總指揮並沒有輪休制，必須每天清晨四點半從飯店出發，一直忙到晚上八點多，而且整個活動期間，總指揮都必須聚精會神的緊盯現場熱氣球及天候變化狀況，依此做精確的判斷，確保民眾及飛行工作人員的安全。正因如此，活動主持人許裕昌跟現場觀眾介紹飛行團隊時，經常半開玩笑的說，因為 Bakker 長得最高，所以看天氣看得最準確。雖然是句玩笑話，但台東熱氣球嘉年華活動十年來，也因為有 Bakker 的專業照看，保持了零意外的最高標準。

■ 不僅協助活動，Bakker(中)也是台東熱氣球嘉年華與國外飛行員之間的重要橋梁。

台灣人瘋熱氣球，讓國外飛行員年年都想來

參加過歐洲各國的熱氣球節，Bakker 觀察，歐洲的熱氣球節都舉辦超過二十五年以上，光是荷蘭，每年各地就有約十個熱氣球活動，只要是好天氣，抬頭就可能在天空中看到熱氣球，所以在歐洲大家對熱氣球已經習以為常。就算是在會場，飛行員大約花一小時準備好熱氣球之後，就紛紛起飛，只留下空蕩蕩的會場，很冷清。

「反觀台東卻是超級熱情，尤其是嘉年華初期，大家一看到熱氣球都好興奮，」Bakker 笑著說，台灣人熱愛熱氣球的程度也很瘋狂，像是五分鐘的繫留體驗活動，在歐洲大概沒幾個人會搭；但在台東，大家願意半夜摸黑排隊，就為買一張繫留體驗票，而且大多數的人一升空之後，第一個動作就是自拍，然後跟飛行員合照，盡量把握短短的五分鐘時間，希望留下更多的照片，「看到這麼多人為熱氣球瘋狂的感覺，真的很好。」

除了台東人的熱情，讓 Bakker 與其他國外飛行員年

年都願意不遠千里、非來不可的原因，還有台東的美。Bakker 說：「熱氣球在高台上升空後，就能看到整個縱谷，空中同時還有幾顆一起出發的熱氣球點綴其中，真的很美。而且從高台出發的挑戰也比較大，因為這裡風力通常比較強，起降難度高，讓很多國外飛行員想要來挑戰看看。」

2012 年，Bakker 帶著自己的球來到台灣，之後甚至參與台東舉辦的熱氣球夏令營活動，與民眾分享熱氣球的美好與知識，他說：「可以從頭參與一件新的事物感覺很好，可以把一件新的東西帶到其他國家，感覺也很棒。」十年來，以 Bakker 為核心，協助台東對外連結，與國外熱氣球飛行員建立起感情深厚的熱氣球家庭，只要台灣有需要，他們都願意力挺到底，這也成為台東熱氣球嘉年華一年比一年精采豐富的原動力。

Wout Bakker

Wout Bakker 是台東熱氣球嘉年華的重要推手，從 2012 年擔任該活動的飛行總指揮，到 2014 年天際航空成立，他都是關鍵人物。

Bakker 在 1980 ～ 1988 年任職於荷蘭空軍，擔任防空管制官。而後他對熱氣球產生濃厚興趣，並且成為熱氣球飛行員，至今已擁有超過二十年的飛行經驗，飛行時數也超過 3,500 小時。除了是商業飛行員教練，他也是熱氣球技術工程師，而他豐富的經驗更被許多國家禮聘，協助該國規劃熱氣球活動，包括籌辦泰國熱氣球節、斯洛伐克熱氣球節等等。

第十八章

熱氣球現「天際」，產業創生苦樂參半

熱氣球要落地生根，產業化是關鍵所在。
為了共同奮鬥的情誼，林佑真成立天際航空，
不料也走上一條艱難之路。

無論是在台東熱氣球嘉年華開幕儀式、太麻里曙光光雕音樂會，或是在鹿野鄉間，不時可以看到車身上標示著「天際航空」字樣的白色貨卡趴趴走，一般人可能會以為這是一家專門載送熱氣球裝備的貨運公司，但其實，天際航空是跟著台東縣政府從零開始，創生熱氣球嘉年華的革命夥伴；同時，也是台東縣政府推動熱氣球產業化的第一個實質產業案例。

天際航空董事長林佑真回憶：「十一年前，我剛好到民航局參加一場公聽會，在長官引薦下，認識了當時的台東縣縣長黃健庭，從此一頭栽進台東的熱氣球之夢。」他感慨的說：「如果當時沒有認識黃縣長，我的人生可能完全不同，也許會比較輕鬆，但肯定沒有這麼多值得說給孩子聽的精采故事。」

在成立天際航空之前，林佑真便從事與航空器零組件相關的進出口貿易工作，對空域產業並不陌生，得知台東縣政府想引進熱氣球舉辦活動，便協助縣政府到世界各國找球、找飛行員，並處理飛行器及人員來台事宜，角色相當單純。

事實上，第一年舉辦時，因為台東熱氣球嘉年華知名度

■ 2021 年天際航空引進新球，開箱點收後，董事長林佑真（前排左）與團隊同賀，迎接新球到來。

不高，找球比較辛苦，必須拜託飛行員遠道而來。但當執行團隊深入了解其他國家熱氣球活動辦理狀況後發現，除了水滴狀的標準球，各種奇形怪狀的造型球更為吸睛。因此，2014 年，林佑真便隨著台東縣政府前往美國新墨西哥州阿爾伯克基，參加當地所舉辦全世界最大的熱氣球嘉年華活動。

林佑真回憶，在美國那次，是生平第一次看到同時有六、七百顆熱氣球起飛，場面十分震撼，應該是全世界重要的球主與飛行員都到了，這是一個大好機會，一群人拿著名片，到每一顆造型球去發名片，邀請他們來台東。

當時，許多球主與飛行員會問：「台灣在哪裡？」「台灣也有舉辦熱氣球嘉年華嗎？」沒想到，林佑真告訴他們台灣不但有熱氣球，在台東舉辦的熱氣球嘉年華活動還整整連續 73 天，不料卻獲得對方深感不可思議的一句話：「你們瘋了！」

■ 天際航空熱氣球的身影，每年都會出現在嘉年華活動中。

林佑真笑著說，雖然被笑稱瘋狂，但一點都不以為意，而且之後這些國外飛行員只要來過台灣，都紛紛表達「明年還要再來」的意願，因為他們愛上台東的人、台東的美景，以及世界都說讚的地勤團隊，甚至有許多球主及飛行員，把台灣列為他們新球的首航地點。

革命夥伴拋難題

從第一屆到第三屆，林佑真好不容易將引進熱氣球、邀請飛行員來台的工作順利上手後，台東縣政府又拋出新的難題，希望林佑真可以接手熱氣球商業載客的營運工作，而這也意謂林佑真必須成立公司，正式投入熱氣球產業。

自 2011 年第一屆台東熱氣球嘉年華結束之後，縣政府就設定熱氣球要往產業化的目標發展；2012 年開始培訓國內的熱氣球飛行員；2013 年首創熱氣球空中遊覽，也就是所謂的商業自由飛載客營運，一步一步讓熱氣球活動能在台東落地生根。

陳淑慧說：「熱氣球產業化是我們的目標，商業載客就是熱氣球來到台灣後最直接的產業發展，這在世界各國早已行之有年，最原始的構想是交給現有航空公司，但卻發現根本沒人要接。所以才會請林佑真董事長成立全新的、台灣唯一純粹經營熱氣球自由飛的公司。」

林佑真得知消息的第一時間，不是開心，而是忐忑。台灣市場這麼小，航空公司競爭這麼大，一家主打熱氣球自由飛的公司能經營得下去嗎？他說：「我大概猶豫了整整半年，理智告訴我這個投資非常有可能有去無回，但情感面上，我們是跟台東縣政府一起走過來，熬過民航局修法、跑遍海外邀球、看著熱氣球終於飄揚在台灣土地上的夥伴，最後，是這份革命情感說服了我自己。」

沒有太多商業計算，林佑真拚著在短短四個月內成立了「天際航空」，人家都說「天公疼憨人」，但林佑真這個「憨人」面臨的卻不是被疼愛的命運，而是老天爺給予截然不同的挑戰。

老天給的考驗

林佑真回憶 2014 年天際航空成立的第一年，「我真的是傻眼，不曉得這個產業怎麼會這麼難，每次終於等到客人來要飛熱氣球，就會遇上壞天氣，下雨、風大、太熱，什麼狀況都有，第一年幾乎完全不能飛，那時候非常沮喪，忍不住要怨天說：『我們這麼認真、這麼努力，萬事俱備，為什麼老天爺就是不願意讓我們飛？』」

這種狀況維持了前兩、三年，除了每年 7、8 月的台東熱氣球嘉年華之外，天際航空的球幾乎沒有載著乘客升空

■天際航空也會隨同交通部觀光局，出國參加熱氣球活動。

過，等於一年只有兩個月有進帳，其他時間都是在燒錢。

即使活動期間有收入，成本也很重。林佑真說：「不只有飛行員、地勤的人事成本，還有熱氣球跟瓦斯的固定支出，而且熱氣球飛出去沒辦法自己飛回來，一出發地面上就必須配備兩部車，一台貨車載球、一台貨車載乘客，如果每天開門做生意都沒有客人，肩上扛著的成本壓力是非常大的。」

事實上，台東跟國外的自由飛有一個非常大的不同，在國外，譬如土耳其或美國等地，空間大，使用大型藤籃，一次可以載客二十人以上；但在台灣，因為地形限制，熱氣球較小型，連帶藤籃也比較小，一次最多載四個人，萬一其中有一個人體型稍微壯碩，還要再減人，因為除了有

■ 天際航空發展至今，聚集了許多熱氣球同好，大家同為這項活動一起努力。

人數限制，還有配重問題需要考量，這攸關飛行安全，必須嚴格遵守。

錢真歹賺

同樣成本，載客數多自然就有價格優勢，獲利空間也比較大，林佑真笑著說：「曾經有位客人，自己本身是企業經營者，搭完之後，看到這些擺在眼前的成本，都忍不住說：『錢真歹賺！』」

載客數少，成本高是挑戰，天候的影響更是另一項令人備感無奈的考驗。

林佑真曾經遇過客人起飛後又原點降落，動都沒動的窘境，主要是因為那天沒風。「熱氣球有升空，但客人根本沒有飛出去，變成我們要退費也不是、不退費也不是，因為成本都已經花了，但是熱氣球沒動啊，收客人的錢又覺得不好意思，」林佑真苦笑著，最後只好跟客人說，若你願意再給我們一次機會，再到台東來，一定提供免費搭乘，「因為我希望熱氣球留在客人腦海中的記憶是美好的，而非只是在空中罰站三十分鐘。」

但即使再怎麼想要飛，想透過商業載客獲利，林佑真從來都沒有忽視天氣帶來的條件限制，甚至放棄堅持飛航安全的底線。

「前幾年的經營狀況，真的是老天爺對我心理強度的磨練，」回想當初辛苦經營的狀態，林佑真說：「即使再難，我們也沒有放棄飛安的堅持，在起飛前，我從來不會去干預飛行員專業的判斷，只要他們說不能飛，即使其實我心中出現質疑的聲音：『啊？這種天氣不能飛嗎？』但我還是說：『好！收球回家。』當你面對七、八個月沒有生意上門的時候，要說收就收，真的需要勇氣。」

一度怨天的林佑真，並沒有被這股怨念拖垮。某天起床之後，一個念頭躍進他腦海：「老天爺啊，你要讓我飛，我就飛；不讓我飛，我就不飛，一切順天吧。」就是這樣瞬間一個轉念，所有事情真的都變得海闊天空。

轉念轉出獲利契機

當心打開了，眼界與思維也就跟著打開了，林佑真開始看到商業載客外的其他機會。

「我觀察發現，熱氣球其實是一個很大的廣告體，它非常吸睛，很適合由企業贊助，出現在各種活動上，」林佑真說，幸好天際航空幾乎是跟著台東熱氣球嘉年華一起誕生、成長，在全台各縣市及企業界間知名度高，當天際航空開始接活動之後，幾乎全台遍地開花，包括桃園、台中、宜蘭等地，只要在外縣市看到熱氣球，幾乎都是從台東來的球與飛行員。

「山不轉路轉，商業載客等於所有成本壓力都在我們身上，但如果是與企業合辦活動，大家互相分攤支出，壓力就小得多，我們最遠還曾經跟著觀光局，帶著喔熊熱氣球到歐洲去巡迴，」林佑真認為，熱氣球就像一根蠟燭，燃燒自己照亮別人，熱氣球本身可能是促使地方興旺的催化劑，為周邊產業帶來很大的產值，但是對於熱氣球產業本身，其實獲利空間很有限。

為了找尋出路，天際航空除了帶著熱氣球全台辦活動，還持續累積熱氣球維修能量，未來預計邀請熱氣球出生地西班牙知名的飛行訓練機構來台東設分校，就像輕航機訓練一樣，提供給有興趣飛熱氣球的人培訓機會，受訓完即可就地核發歐盟或台灣證照，以俱樂部的形式擴大熱氣球同好圈，讓熱氣球翱翔在台東天空的次數變得更頻繁，也有助於加深民眾「熱氣球其實 365 天都能飛」的印象。

為了迎接 2021 年的熱氣球嘉年華，即將有兩顆新球加入天際航空機隊，加上原本的球，共有五種顏色，隨著天際航空的發展轉趨穩定，林佑真希望能逐漸湊齊七種繽紛色彩，讓熱氣球的身影，成為點綴台東天空最美的一道彩虹。

■ 天際航空承接各縣市活動，圖為在宜蘭飛熱氣球。

第十九章

旅宿業直接受惠，搶搭順風車

熱氣球帶動了觀光產業發展，也拋出了一個課題：
除了活動期間之外，地方要用什麼在地特色吸引遊客？

熱氣球出現在台東的天際線上，不僅推動新興產業的建立，也讓在地的旅宿業者直接受惠。

不說你可能無法想像，熱氣球到底有多「夯」。每年 1 到 5 月，台東鹿鳴溫泉酒店客服中心天天出現這種畫面：不到九點，客服人員就趕緊放下手中咖啡、戴上耳機、豎直椅背；九點一到，八支電話便同時響了起來，此起彼落的鈴

■ 遊客到鹿鳴藝術茶園學習泡茶品茗，並且品嘗在地農民所生產的農產加工品。

■ 為了讓遊客一年四季來鹿野都能看到熱氣球，鹿鳴酒店自行添購熱氣球設備，並聘請飛行員在飯店提供繫留飛行服務。

聲不絕於耳，而且十年來年年如此。

「你好，請問暑假還有房間嗎？」每一通打進來的電話都只有一個目的，就是想要訂房，趁暑假期間，安排台東熱氣球嘉年華之旅，最高紀錄每秒內同時有十通電話打進來，工作人員接電話忙到手軟。

鹿鳴溫泉酒店董事長潘貴蘭一想到那個畫面，開心又帶點害怕的說：「我們還曾經因為電話線被塞爆，乾脆把整個客服中心移到台北，希望能更快消化訂房旅客。其實不只我們，周邊飯店也都差不多。」

潘貴蘭回想 2011 年前的那一天，「剛好是鹿鳴溫泉酒店開業滿三年，有一天縣政府突然來鹿野看場地，說這裡以後要辦熱氣球活動，當時我們真的是一頭霧水，滿腦子好多問號：什麼是熱氣球？要辦什麼活動？」而熱氣球嘉年華的暴紅，更是在地業者始料未及的，它所帶來的人潮與消費力，遠超乎他們的想像。

讓房客 365 天在飯店就能搭熱氣球

既然活動已經成為每年固定舉辦的盛宴，集客力又如此之強，所謂人潮就是錢潮，在地業者腦筋動得快，紛紛以熱氣球為核心、包裝各種方案，就是要把高台上滿滿的遊客目光吸引過來。

這其中，就屬鹿鳴溫泉酒店動作最大，乾脆直接把熱氣

■ 在花旗木盛開期間，到鹿鳴酒店賞花及熱氣球，可感受到不一樣的氛圍。

球搬到飯店。潘貴蘭說:「我們特別到英國買了三顆熱氣球，向民航局申請核准後，成為台灣唯一一家擁有熱氣球飛行執照的飯店，只要天氣許可，鹿鳴的房客 365 天天天都能享受熱氣球的繫留體驗。」

大部分位於海邊的飯店，會把面海的房間稱為海景房，價格也比較高；但在鹿鳴溫泉酒店，靠近熱氣球繫留場地的是「熱氣球房」，費用會比較高，但訂房率依舊居高不下。每天清晨五點到七點，就會聽到轟隆隆的熱氣球點火聲，「客人不用設鬧鐘，自己就會主動起來，下樓到飯店前面的大草坪搭乘熱氣球，搭完回來剛好吃早餐，」潘貴蘭笑著說。

在飯店就能搭到熱氣球，讓遊客直呼不可思議，但受限熱氣球每天可飛行的時間有限，一天一顆球限量搭載 40 人，必須輪番搭乘。潘貴蘭說：「搭不到球沒關係，飯店還有設置熱氣球打卡牆，直接把真正的熱氣球藤籃搬到現場，讓民眾可以入內拍照，進到房間之後，放眼所及的文宣上都是熱氣球，餐廳也會準備熱氣球造型泡芙，營造出滿滿的熱氣球節慶氛圍，就連飯店名片都改放上熱氣球呢。」

三大隱憂，台東產業界戰戰兢兢

熱氣球的出現帶來了人潮，促進了台東經濟發展，也讓這座原本靜謐祥和的城市注入蓬勃的生氣，甚至成為其他國家認識台灣的第一站。

一切看起來如此美好，但是潘貴蘭心中仍有隱憂。

他說：「客人一來，旅宿業者就必須提供相對應的優質服務，但人力缺口這個問題，至今都是台東的痛處。」台東就業人口以農業為主，年紀較大，孩子大多在外縣市工作，暑假旺季一到，業者真的不知道上哪去找足夠的人力，別的縣市缺工可能只是一、兩天的問題，可是台東可能是一年 365 天，天天都在缺人。

為了解決淡旺季人力需求落差，鹿鳴酒店平常會維持固定的正職員工，寒暑假旺季到來前，會向合作的大專院校餐飲科系老師聯繫，提早發出工讀的人力需求；另外也會向飯店周邊的在地居民宣傳工作機會，讓他們在外求學的孩子放假返鄉時，也能夠來飯店工讀。除此之外，飯店也特別拉高寒暑假有經驗的工讀生時薪，從每小時 160 元上調到 190 元，增加吸引力。

除了人力缺乏的問題，還有就是，絢爛的活動終有歸於平靜的一天。

潘貴蘭點出所有觀光業者共同要面對的課題，那就是再怎麼火紅的熱氣球，也有熄火閉幕的時刻，面對暑假人潮退去後的台東，怎麼辦？他說：「因為熱氣球太熱門了，如果問大多數的旅客：『1 到 12 月，什麼時候要去台東呢？』大家都會想暑假來最好，那其他月份的吸引力就不夠，飯店因為熱氣球旺起來，卻也因此被熱氣球打敗。」色彩鮮明亮眼的熱氣球，在全台旅人心中刻下強烈的印象，讓人以為熱氣球就是台東，台東就只有熱氣球，也因此掩蓋了其他景點的光芒。

對此，潘貴蘭強調：「今年我們開始調整腳步，設計許多小旅行行程，帶客人去其他新鮮、有趣的祕境玩，熱氣球很重要，但其他景點也要趕緊接棒上陣。」人力能想辦法解決，更多吸引遊客的祕境及特色遊程可以包裝，所以這些都還不算是真正的難題。真正嚴峻的，是來自大自然的挑戰。

相較於台灣西部有護國神山的保護，東台灣毫無屏障，直接面對自太平洋生成的熱帶氣旋，潘貴蘭回憶起當年的尼伯特颱風，心有餘悸的說：「颱風如果直撲台東而來，狂風狹帶豪雨的威力真的是非常嚇人，每次颱風經過台東一天，我們就會損失一整個星期的營收，以飯店來講，一天的損失可能就高達一、兩百萬元。」

所幸，當年尼伯特颱風對台東造成的大多是財務損失，台東縣政府也在緊急動員下，短短幾天就恢復市容與民生必

■ 茶是鹿野高台的特產，鹿鳴酒店安排茶藝課程，帶領遊客認識紅烏龍。

需供應，緊接著就宣布恢復舉辦熱氣球活動，讓業者能在回流台東的遊客實質消費挹注下，盡快恢復元氣。

從過去的尼伯特風災到 2020 年的新冠肺炎疫情，老天爺給台東的考驗一波接著一波，還好有台東縣政府一路相伴與支援，才能讓旅宿業者鼓起勇氣，攜手闖過每一個關卡。台東縣政府思考的，永遠不是某一項任務或挑戰有多困難，而是如何才能讓台東好不容易站起來的產業，不再被擊倒。

■ 鹿鳴酒店前，有「桃花林」之稱的花旗木林，常吸引許多新人前來拍婚紗。

台東人靠著勇氣拚翻身

「我想很多縣市的產業界，應該都很希望自己也有一個台東縣政府吧，」潘貴蘭驕傲的說，縣政府團隊除了在急難時刻發揮高效率之外，也陪著台東的觀光產業一步一步熬過學步期。

潘貴蘭說：「台東縣政府帶著我們業者一次次到海外參加旅展，租下大型獨立攤位設立台東館，以熱氣球領軍，配合台東獨特的旅遊亮點，將攤位布置得非常吸睛，國外旅客一看就會往裡面走，我們業者就可以專心展售、宣傳台東的美。」

事實上，台東絕大多數是中小型企業，如果讓業者單打獨鬥去參展，機票、食宿加上租攤位的成本，開銷很大，幾乎沒有幾家業者負擔得起，由縣政府帶頭，彷彿幫業者打開一扇通往世界、與國際連結的門，「然後，我們旅宿業者則是搭著熱氣球飛進那扇門裡，」潘貴蘭形容。

潘貴蘭從小在台東長大，是個道道地地的台東女兒，她說：「台東人在沒有熱氣球之前，不知道自己是如此的勇敢。」過去，台東物質資源相對匱乏，讓台東人不敢做夢，但熱氣球的到來，凸顯了原來台東的好山好水，其實也能成為可供發展的資源，讓台東人有了夢想的勇氣。熱氣球列車啟動十年間，有人上車又下車，但有更多勇敢的台東人，搭乘著熱氣球列車駛向更遠的前方。

第二十章

看著熱氣球長大的孩子

熱氣球在台東鹿野高台落地生根，
成為在地居民生活與記憶的一部分，
也帶來許多挑戰與考驗，他們如何因應？

倒車聲、卸貨聲、人聲，紛雜鼎沸的聲響，打破了鹿野高台清晨的寧靜，身穿鮮黃色 T 恤、牛仔褲的工作人員忙著將球皮鋪展開來，身穿藍色 polo 衫、金髮碧眼的國外飛行員則忙著檢查所有裝備。

■ 高台好協會理事長王志清的孩子（右），從小看著熱氣球長大，多了一份幸福感。

這時，一個小小的身影，邁開短短的步伐衝上前去，駕輕就熟的幫著地勤人員展球，身邊還跟著一個小小跟班。他們倆是鹿野高台上的在地商家老王咖啡店老闆的兒子，與熱氣球同時一起誕生在鹿野高台。

■ 工作人員之間的好情誼，從工作延伸到家庭。

「他們從出生一睜開眼睛到現在，看到的都是熱氣球，」老王咖啡老闆、同時也是高台好協會理事長王志清笑著說，「一到熱氣球季，每天早上卡車倒車的聲音，就像鬧鐘一樣叫孩子們起床，然後他們會跑到大草地上，小時候是看著工作人員忙進忙出，長大一點就開始幫忙展球、壓藤籃，熱氣球升空的時候，兩兄弟還會從鹿野高台的這端，一直追著熱氣球跑到高台的另一端，看著熱氣球飛往縱谷。」

王志清的兩個兒子都是看著熱氣球長大的孩子，比起其他縣市的孩子，他們多了一份「我懂熱氣球」的幸福感。

「我們家哥哥只要一有空，就會想辦法做熱氣球，用垃圾袋做球皮，連藤籃、燃燒器都做得出來，」王志清難掩驕傲的分享，大兒子每年去追球，其實都在觀察，籃子裡有什麼東西？噴火器到底長什麼樣？有幾條繩子？氣球要什麼樣的形狀？這些細節都在他的小腦袋瓜中反覆琢磨，而且做出來的成品還真的可以飛呢。王志清說：「他甚至曾經做出一個大到可以讓一個孩子走進去的模型，連荷蘭來的飛行總指揮看到都很訝異。」

熱氣球對許多人而言，是一年一度的嘉年華盛會，但對鹿野高台的居民來說，就是他們日常生活的一部分。王志清的兒子也立下志願，長大後要當熱氣球飛行員。

包容讓熱氣球落地生根

孩子看到熱氣球自然興奮，那麼當地居民呢？王志清說：「既然是自己的地方，只要有需要幫忙，鹿野高台上幾乎是居民全員出動，小至出借工具，大到清理殘局。」

譬如尼伯特風災那次，主場地很多設備都因為風災被吹

■ 風災過後，在地居民齊心協力清理路面，恢復鹿野景觀。

垮了，當地居民一聽到路樹倒了，馬上協調有鏈鋸的、怪手，甚至有搬運車的居民，到倒塌的地方把路樹鋸掉，讓道路恢復暢通，王志清說：「不用等到鄉公所派人，自己的家，自己捲起袖子來做比較快。」

正因有這樣的行動力，鹿野高台在地居民盡力恢復主場地原貌，而台東縣政府則專心救災，才能讓台東熱氣球嘉年華活動在超強颱風肆虐後短短一週，即可重新恢復舉辦。

其實從鹿野高台往下延伸的整個鹿野鄉，都是最直接與熱氣球產生關聯的地區，其中距離高台最近的永安社區總幹事廖中勳，也透露一些熱氣球草創初期不為人知的小故事。

譬如有一次，熱氣球風向沒掌握好，被風吹到紅葉，再過去就要進入中央山脈，而且接近傍晚視線變差，更難找到安全的降落地點，一旦瓦斯用完就得面臨迫降的危險，永安社區的居民一聽到，馬上出動消防隊，民眾甚至聚集在紅葉國小，人人高舉火把，試圖引導熱氣球飛行員往紅葉國小飛。

也曾經發生過熱氣球降落卡在樹上，居民馬上放下手邊工作趕去幫忙脫困；還有國外飛行員降落在河床，但地勤人員配備的都是公路車，沒有四輪驅動，根本下不到河床，這時候也只能出動人力救援，數十名在地居民一起徒手把上百公斤的熱氣球從河床抬到路上。那次之後，縣政府特別製作適合降落的地圖，叮嚀國外飛行員慎選降落地點。

台灣最美的風景是人，在鹿野也不例外，「當縣政府提出要為遠道而來的國外飛行員舉辦友善日的時候，我們社區是大家都搶著接待，」廖中勳笑著說，飛行員飛完休息之後，遊覽車會載他們來社區，民宿、餐廳或茶莊業者會輪流接待他們，提供在地特色的體驗活動、餐點、品茶等，讓他們來到台灣除了飛行，也感受到不同文化的生活情趣。

熱氣球有多旺，鹿野鄉最知道

不過，廖中勳也透露，鄉親們剛開始其實並不看好熱氣球，畢竟台灣史無前例沒有地方辦過，光憑台東行嗎？當居民半信半疑的親眼看到熱氣球第一次出現在鹿野高台時，被

■ 永安社區是全國農村示範社區，居民彩繪畫出在地特色。（攝影／高信宗）

■ 鹿野高台的大草坪，是孩子們滑草遊玩的最佳場地。（攝影／高信宗）

暱稱是「溫柔的巨人」的熱氣球，正用它巨大但夢幻的魅力讓鄉親們折服，也讓大家開始相信，這或許將是改變在地生活的寶物。

熱氣球旋風不只席捲高台地區，也促進海內外遊客造訪台灣的意願。廖中勳說：「以前沒有熱氣球的時候，鹿野鄉一整年的遊客數可能頂多十幾二十萬人；熱氣球出現之後，造訪人數直逼 50 萬人，而且年年持續往上增加。2020 年因為疫情影響，本來預估觀光人數肯定下降，沒想到照常舉辦，竟然吸引高達 100 萬名遊客，也帶來直接的經濟效益，食衣住行育樂通通有斬獲。」

2020 年的人潮到底有多誇張？廖中勳舉例：鹿野高台的大草坪約有 7.4 公頃，等於是將近八個足球場大，2019 年的閉幕光雕音樂會，3 萬人湧上高台，把草皮坐滿，他以為這應該就是高台的最大胃納量了吧，沒想到 2020 年創下新高紀錄，共有 4.5 萬人參加閉幕光雕音樂會，高台上滿滿都是人，絲毫看不見一寸草地的說法，一點都不誇張。

這一點，店面位在高台上的老王咖啡很有感覺，王志清說：「一箱雞蛋兩百顆，淡季大約一週叫兩箱，但到了熱氣球旺季，最多曾經一天賣出三千五百顆茶葉蛋。」廖中勳也曾親眼目睹，鹿野鄉唯一一間便利商店，在熱氣球活動期間，貨架上所有商品被一掃而空，所有可以吃的都被買光了。他笑說：「這家便利商店的營業額不容小覷，可能可以排上全台灣前十名；還有餐廳 2020 年營收破千萬，熱氣球活動期間不預定還吃不到呢。」

地方動起來，趕搭熱氣球列車

抓緊熱氣球觀光命脈，鹿野鄉展現出旺盛的創意與在地生命力，希望能拉住遊客停留的腳步與目光，為地方經濟發展多盡一份力。

譬如，老王咖啡曾經推出濃濃在地風味的「高台野餐趣」野餐籃，其中包括用新鮮關山米炊煮捏製的飯糰，上頭撒些黑芝麻；佐以自家老茶熬煮，再經過三天浸潤入味的招牌茶葉蛋，以及紅茶布丁和冷泡紅烏龍，用野地的月桃葉襯底，全部用手編籐籃裝兜起來，讓遊客可以直接帶著走，到高台大草皮上找到舒適的位置享受野餐樂趣。

再往外走，鹿野與關山間的武陵綠色隧道，深受單車客與重機族的喜愛，綠色隧道盡頭有一個遊客口耳相傳的神祕市集，這是由永安社區主辦的「2626 市集」，取其意是在每個月的雙週六下午兩點到六點舉行，市集上匯集鄰近地區在地的時令農產、創意小吃、手作點心及工藝職人的創作品，到了熱氣球期間更增加場次，週週舉辦，讓來看熱氣球的遊客多了一項遊程選擇。

每個月的第一個週末，永安社區還加碼舉辦產地餐桌──八個野鹿來辦桌，用市價五折的費用，邀請遊客品嘗由鹿野在地小農用最新鮮食材製作的十六道美食。廖中勳強調，熱氣球活動時間是在清晨與傍晚，中間空檔就很適合參加一些短而精巧的遊程，因此，社區發展協會規劃以時間點銜接，設計出六、七套遊程。

■ 一看到綠色隧道，就知道鹿野高台快到了。（攝影／高信宗）

喜歡生態之旅的遊客，可以參加玉龍泉溪流生態導覽。玉龍泉生態步道是鹿野鄉第一條由社區居民打造而成的步道，全長1,100公尺，連接永安社區與高台，盛夏從炙熱的鹿野高台轉往玉龍泉，溪谷迎面吹來的涼爽微風馬上驅走酷熱不適，也讓剛剛看完熱氣球的亢奮遊客，跟著淙淙溪水聲靜下心來。步道裡隨處可見翠綠的森林及飛舞其間的蝴蝶，清澈的溪水裡有著豐富的螃蟹、樹蛙、游魚等自然資源，在解說員的帶領下，讓身心靈充分被洗滌。

或者也可以選擇到龍田村，體驗下田採摘鳳梨的樂趣，與一般採果不同，鳳梨葉較尖銳，因此要戴上防割手套，就可以動手摘鳳梨，體驗完農民烈日下工作的辛勞後，再來上一支鳳梨枝仔冰，馬上暑意全消，走的時候再帶走一罐適合入菜的鳳梨醃醬。

找出在地特色，包裝成各式各樣多元化的短遊程，讓全台各地因為熱氣球來造訪台東的旅人，即使沒做功課也不怕沒得玩。

升級在地產業，迎接全球旅人

「鹿野鄉如今也養成每兩、三個月舉辦一次策略聯盟會議的習慣，討論鄉裡大小事，熱氣球一定是其中一件大事，大家一起思考可以多做些什麼，來跟熱氣球互相搭配，」廖中勳觀察，其中最團結的就屬民宿業者，因為一趟長途跋涉來台東，一定要過夜，遊客住的需求帶動發展，光是永安社區民宿就有三十家，整個鹿野更有上百家，大家開設LINE群組，成員數一直都維持在五百人的上限，意謂著只要有人退出，馬上就會有人再加進來。

民宿業者組成群組的好處是可以互通有無，只要客人打電話來問房間，即使自己的民宿沒房間，也不會直接回絕，而是細問客人的需求後，馬上在群組裡發問：「誰家幾月幾號還有房間嗎？」立即能幫客人媒合到符合需求的民宿。

廖中勳說：「同理心思考，如果我是遊客，要前往一個陌生的地方，光訂房就很麻煩，尤其是台東熱氣球嘉年華這種超大型活動，可能打了數十通電話都還找不到空房間，或是怕踩雷不敢亂找，那鹿野鄉這邊的平台就可以幫得上忙。」

鹿野鄉居民努力調整自己的腳步跟上熱氣球暴紅的速度，透過在地產業升級來迎接全世界的旅人，台東縣政府也協助媒合旅遊電子商務平台 KKday 及旅行社，讓居民規劃的遊程能同時在線上與線下銷售。

不可諱言，爆量的遊客確實會造成交通、垃圾、衛生及空氣汙染等後遺症，但在地居民都願意用更包容的態度，看待這些人力可以解決的問題。鹿野鄉是台東熱氣球嘉年華第一個受惠的鄉鎮，地方經濟發展也因此受到極大的助益，廖中勳說：「其他鄉鎮其實都非常羨慕鹿野，所以我們幾乎是上下一心支持熱氣球。」目標明確且一致的鹿野鄉民決定，要與熱氣球共榮、共好。

■ 飛行傘活動在鹿野高台行之有年，至今仍受到許多年輕人歡迎。（攝影／高信宗）

第四部

感動

熱氣球讓我們相遇

熱氣球是愛、是幸福、是希望，

在許多曾經參與台東熱氣球嘉年華的遊客心中，

那一年的天空，特別的多采多姿、繽紛美麗。

透過網路徵文活動，

蒐集到許多精采的熱氣球故事，

並挑選出其中九則刊登，

相信年復一年，感動的故事將持續發生中……

第二十一章

我們一起寫下
難忘的熱氣球故事

台東熱氣球嘉年華十年歷程，
有人年年造訪，有人去過一次就黏上台東，
更有許多人藉此實現心願、許諾終身、維繫情感，
然後，一起見證這座城市的美麗風華。

這輩子最難忘的旅行　包子媽／台南

跟台東的緣分要從 2016 年說起，這一年我抽到台東民宿免費住宿一晚，從那時開始就愛上台東的美，愛上壯觀的熱氣球。2020 年，想帶著爸媽出國玩，沒想到遇到疫情，於是跟老公討論，不然去台東好了，爸媽雖然去過，卻沒看過熱氣球。

一切都在規劃中並等著時間的到來，可是老天爺卻在這時候開了我們一個大玩笑，7 月 11 日這天，爸爸無預警的離開我們，突如其來的噩耗重擊全家人，我們無法相信怎麼人就這麼沒了。

7 月 22 日告別式即將來臨，我跟老公討論原訂 7 月 25 日至 27 日的旅程還要繼續嗎？老公的想法是既然已經安排好，那就按照原訂計畫進行。取得家人的同意之後，我告訴母親想帶著爸爸的照片一起去。媽媽也同意了，畢竟爸爸的離開是我心裡的遺憾，而這趟旅行又是之前說好要帶他去的，所以就出發吧。老爸沒有離開，只是換了一個方式陪著

我們。

台東的美，沖淡令人悲傷的心情，朋友說我們彷彿在難過的記憶中創造新的回憶，說真的，這並不容易，但我們全家都努力著。

這趟旅行，我那萬年不出門的二哥也一起去，台東的美讓全家人讚嘆連連，尤其是先坐火車到台東再租車，真的輕鬆很多，可以盡情享受沿途美景。

聽民宿老闆的建議，我們一群人選擇參加 7 月 26 日早場的台東熱氣球嘉年華，從滿天星星等到天色漸亮，看著美麗的山景變化，覺得台東好美好美，我都想搬到台東了，真的好喜歡台東啊，風景美東西好吃，但或許是心情還無法調適，好幾次，幾乎都是忍著淚在走行程，因為人生真的太無常，每個人應該要好好珍惜跟家人還有朋友相聚的時光。

這一天，我們運氣很好，不但找到停車位，也卡到好位子，天氣很好，風不大，順利看到熱氣球。因為把老爸帶過去，沿路有很多人用驚訝的眼光看著我們，但我是個勇敢的女兒，這是我的旅行，要完成帶著兩老一起旅行的願望，雖然老爸不在了，但他在我們心裡，陪著全家人，一起看著美麗的熱氣球，欣賞台東的美麗風景，這是我從小到大最難忘的旅行，謝謝台東，讓我跟家人之間寫下一篇美好的回憶。熱氣球，下次見。

熱氣球創造意外小驚喜　二寶爸／桃園

之所以會安排暑假四天三夜小旅行，其實是因為爸爸中了獎，獲得熱氣球繫留券。

上網查詢時發現，小孩身高要 110 公分以上才能搭乘熱氣球，還要有能力自行上去藤籃，我說服兩個寶貝很久，才使他們答應在座位區等，讓爸爸媽媽上去搭乘熱氣球。

其實我們看得出來，兩個孩子心裡非常期盼著能坐熱氣球，一直詢問可以讓他們上去嗎？或許對一般人來說，跨越進入熱氣球藤籃是一件再輕鬆不過的事，可是對於行動不便的身障兒童來說，心裡卻充滿萬般無奈，眼看著熱氣球在天空中飛翔，無法行動自如的體驗，只能欣賞和坐著等待。

當天到現場排隊時，因為要先到座位區等候工作人員安排，妹妹坐電輪車，哥哥坐推車，等了一會之後，工作人員詢問：「小孩也要上去嗎？」爸爸立刻接著問：「可以嗎？」工作人員竟然說讓他安排一下，此時我們內心充滿訝異的情緒，沒想到熱氣球竟然可以無障礙通行。

等待片刻之後，工作人員告訴我們，有一顆愛心球，門是可以打開的，他們也準備好了板凳，讓兩個小孩可以上去體驗。

這真是太令人興奮的消息了，上了熱氣球之後，我跟爸爸一人抱著一個孩子，整顆熱氣球上面的乘客只有我們全家人。上升時，飛行員告訴我們兩個孩子可以坐在板凳上，升空後，飛行員竟然讓我們抱起小孩，輪流站起來觀賞藤籃外的美景，看著周圍一顆一顆熱氣球上上下下非常熱鬧，鹿野高台的風景十分迷人，飛行員還幫我們拍了一張全家福，兩個孩子開心的說：「我們好高，飛在天空中，視野好遼闊。」這顆愛心球讓寶貝們實現願望，滿足他們期待的心情，也乘載著滿滿的愛和新希望，向天邊飛去。

我們全家人永遠不會忘記，那天早晨的風景，那天暖暖的心情，台東熱氣球嘉年華讓我們和孩子之間有了幸福的回憶，意外的小確幸將深深印記在回憶中……

飛到夢想之地　仔丸／台東

如果世界上有一顆會飛的球可以搭乘，你想要去哪裡？

2020 年是個很不一樣的一年，全球飽受新冠肺炎疫情肆虐，限縮了國與國的連結，也改變了人們的生活方式，原本該出現在世界各地的旅客，頓時失去出國的人身自由，但也造就國內旅遊的興盛時代。在台東有這麼一個地方，不畏病毒影響，當日吸引逾 12 萬人次的遊客，那就是「2020 台灣國際熱氣球嘉年華」。

炎熱的酷暑，抵擋不了人們對你的憧憬，大家用報復性的人潮展現對你的熱情，你造就了台東的觀光、帶動了地方的繁榮，也乘載著許多人的夢想。

當夢想之球立足在鹿野高台，現場觀眾的焦點全落在你的身上，哪怕風吹或是日曬，為的只是見你一面，部分幸運兒還可以走進你堅固的藤籃，享受你所帶來的夢幻飛行之旅，飛到想要前往的夢想之地。

而我直到兩年前被分發到關山分局，才親眼目睹你的美，也非常幸運陪 10 歲的你展開一連串的巡迴演出，在這些日子裡，守護你是我們的工作，儘管頂著豔陽，已分不清臉上是汗水或淚水，但只要現場的人們見到你就揚起笑容，一切的辛苦也就值得了。

如果有一顆載著夢想的熱氣球可以搭乘，我想飛到過去，飛回與你共度的那 51 天，再一次見識你的美，再一次感受大家對你的熱情，在這嚴峻的疫情時代裡，找回屬於大家的笑容。願這疫情早日散去，今年才能夠再次與你相見，因為我

們在去年互相約定好了，不是嗎？

忙碌卻感動的地勤日常 KUNC／台東

剛踏入大學生活，當大家在討論暑假要做什麼時，答案不外乎是打工、實習、旅遊，身為從小生長在台東的我，因為高中好友的邀約，很開心能用不同於觀光客的身分，參與台東熱氣球嘉年華的地勤行列，在 2017 年一起慶祝台東熱氣球 7 歲了。

每天凌晨三點及下午三點，工作人員必須搭乘交通車從市區前往高台集合，協助貨車司機將龐大的熱氣球球體、藤籃、燃燒器、風扇放上車，載運至指定活動場內，等待瓦斯鋼瓶進場。荷蘭籍總指揮與飛行員們做完活動行前簡報並施放氦氣球蒐集風向資訊後，飛行員與地勤們就定位，端看今天任務是在標準球（通常用於繫留），或是造型球（有時會有商業載客，也就是自由飛），彼此確認今天的飛行資訊，活動就準備開始了。

打開風扇灌空氣進熱氣球，在冷膨脹時，需要有人在旁固定繩索與球體，飛行員接著用燃燒器點火進行熱膨脹作

業，使球產生浮力立球，降落之後必須有人立即趕往降落點，協助飛行員固定藤籃與收球，這就是地勤一天的工作日常。

回想起那些令人懷念的日子，早晚忙碌雖然讓身體有些疲憊，但看著一顆顆熱氣球沒有受風向或風速影響而順利起球，以及在收球或飛行結束後，與國外飛行員小酌，放假時私約去海邊玩耍、開賽車，這些樂趣都比不上第一次坐在藤籃裡升空時的悸動，將鹿野景象盡收眼底，那種感動使想飛的心不再繫留，是我一生中最特別的經驗。

帶著希望飛翔的熱氣球　黃亭嫣／台北

我叫黃亭嫣，媽媽說我的名字取自「嫣然一笑」的「嫣」，所以我特別愛笑、愛漂亮。台東熱氣球嘉年華十年了，比我還要大，我今年才九歲。台灣疫情很嚴重，所以今年還不知道能不能去看熱氣球。去年（2020）媽媽第一次帶我去看熱氣球，好慶幸有去，因為媽媽說以往暑假太多人，也太熱了，但去年人潮就沒有以前那麼多。

我們搭火車去台東，入住知本的溫泉飯店，真的很舒服，台東真的好漂亮。那一天很熱，媽媽說這就是「熱」氣球所在地，才會那麼熱。媽媽還說我們很幸運，有看到熱氣球升空，而且外國疫情那麼嚴重，我們還可以在國內看到熱氣球。

熱氣球不能升空的原因太多了。所以媽媽告訴我們，要祈禱台灣疫情趕快消失，希望熱氣球能載滿我們對地球的期望、希望而升空，緩緩的、愈來愈渺小。媽媽還說要珍惜在台灣可以看到熱氣球的機會，也要好好珍惜大自然給予的環境。我希望每一年都可以看到熱氣球升空，可以躺在綠綠的草皮上看著熱氣球。

原本今年可以看到 Hello Kitty 熱氣球，可惜後來取消了，好失望喔，我最喜歡 Hello Kitty 了。希望疫情趕快結束，今年順利看到熱氣球升空，也期望可以有很多不一樣的熱氣球來到台灣升空。

載著遊客，奔向幸福的所在 曾拓華／高雄

我們是一群很幸運也很幸福的熱氣球嘉年華運輸業者，從 2016 年開始，開幕第一天的十二輛接駁車，一直成長到 2020 年閉幕場時，最多四十輛車接送行程，連續五年共承載了數百萬位因為憧憬熱氣球而前來的遊客，看著他們每一位帶著滿滿回憶回去，也讓我們充滿無限驕傲。

回想 2016 年，第一次的接駁工作就是開幕式，工作人員及辛苦的司機們，完全沒有時間正眼看熱氣球升空是多麼震撼的奇景，只感受到現場民眾相當期待熱鬧的熱氣球活動就此展開。無奈天公不做美，竟下起大雨，主辦單位不得不中途取消活動，全部遊客在滂沱大雨中等待接駁車，同仁們個個汗流浹背、全身濕漉漉的順利接駁完所有遊客，也算是一種特殊的初體驗。

隨著一年一年累積的接駁經驗，我們的服務熱情只有更加濃烈，不管是摸黑出門，趕在日出前抵達三仙台光雕音樂會，或是為了迎接第一道曙光，前往太麻里光雕音樂會；甚

至悠閒的在池上大坡池及舒坦的知本溫泉，享受不一樣的熱氣球光雕饗宴。我們懷著無比的熱忱，完成遊客的心願。

此外，志航基地也曾舉辦精采的光雕表演，以及充滿人文氣息的台東大學光雕音樂會，都為遊客帶來不同的體驗。場場都有我們接駁的痕跡，也有完成任務時的成就與感動。

2021 年，是充滿感恩與期待的一年，我們有幸能參與歷年各項熱氣球活動的接駁工作，也期待能將蓄積一整年的熱情，繼續滿足今年各場接駁任務，在台東熱氣球嘉年華即將起跑的當下，我們想大聲說：「熱氣球，我們又來了。」

熱氣球的青春回憶　艾瑪／台中

從第一年開始追熱氣球到現在，每年台東熱氣球嘉年華之前，我們的群組就會開始熱烈討論，雖然難免各自忙碌，有時一個月可能也沒聊過幾次，但只要遇到熱氣球嘉年華，必會讓群組熱絡起來，畢竟是大家的快樂回憶。

記得第一次去參加台東熱氣球嘉年華，就是第一屆。當時我們還很年輕，說走就走，完全不畏懼早起或早晨的寒冷，一行人凌晨五點就從富野大飯店直接騎到鹿野高台。那時候遊客還不多，偌大的鹿野高台顯得很冷清，但是等熱氣球開始充氣後，現場觀眾們都陸續發出驚呼聲，生長在台灣的我們從來沒看過這麼大的「氣球」，那種臨場感真的是一輩子難忘。

之後每年的台東熱氣球嘉年華，我們都會盡量排出時間參加，這個活動也從一開始的繫留，到後來可以坐熱氣球飛出去看風景，參加的人也愈來愈多，展出的熱氣球愈來愈五花八門，但我記憶中最深刻的，還是第一屆那些簡單圖案的熱氣球，那最初的感動。

不管每年可以參加活動的人有多少，最重要的是大家不想缺席的心情，即使有時熱血騎車或犯懶開車，甚至為了衝

早場騎了大老遠的車，最後還是趕不上，只好在半山腰目送熱氣球飛走，都是重要的回憶。十年來，因為大家結婚有了另一半，這一團愈來愈壯大，更約好了要在一起五十年，而且每年都要到熱氣球下面報到。

堅持努力的十年歷程　楊幸／台東

身為台東人，這十年來每場熱氣球嘉年華從未缺席，無論清晨追球還是夜幕看光雕，或隻身、或邀伴，每年的熱氣球總是讓人驚豔，展球從鹿野高台延伸到轄內鄉鎮甚至離島，主辦單位精益求精，不斷推陳出新，從規劃、執行到球季結束，年年締造參與人數超越再超越的佳績，印證「只有更好，沒有最好」，可想而知，活動是多少人兢兢業業為負使命焚膏繼晷的付出與辛勞，令人敬佩、感謝、感恩。

記得多年前，主辦一場特殊的輔具專訓，在暑假期間，為期近兩個月。有來自外縣市的職人報名參加，詢問其他人是否想要利用清晨去看熱氣球，一呼百諾，次日一群人就浩浩蕩蕩出發，參訓友人回去後在臉書上分享，表達可以親臨熱氣球是畢生難得的經驗，也感謝工作人員的熱忱。

這場國內難得的熱氣球嘉年華盛宴，2021 年雖受新冠肺炎疫情影響而延期，但我們知道，它想與世人如約而至的心意十足，值得我們期待。

2500 呎高度明確存在，並非遙不可及，十年磨一劍，堅持努力，夢想便能實現！

一生一定要來熱血一次　Cherlyn／台北

2020 年的暑假，全家約好環島。從台北出發，一路往宜蘭、花蓮、台東，再從高雄北上。我從新加坡嫁來台灣已經十六年了，從來沒去過台東，但那裡卻是我嚮往已久的地方。每次看到電視介紹台東美景，都讓我羨慕不已，可是每次想到路程就會卻步。

還好蘇花公路完成，才讓我下定決心要去台東玩，加上女兒很想搭乘熱氣球，必須完成他的心願。於是為了熱氣球，即使全家要犧牲睡眠，也一定要看到。

我覺得在台東鹿野看熱氣球、搭熱氣球，真的是此生必須做的事。當天我們凌晨兩點半抵達鹿野，只為了要找個好位置看日出與第一顆熱氣球升起的畫面。當看到各國熱氣球充氣後慢慢飛向空中，這種感覺實在太奇妙了，搭配漸漸升起的太陽，整個景色十分怡人，現場主持人也很會炒熱氣氛，讓大家都感覺自己突然變年輕。

熱氣球隨著音樂一顆一顆往天空中飛去，也讓我的煩惱跟著飛走，當下決定 2021 年還要再衝一波，而且打算要住在鹿野附近的飯店，這樣車程可以省很多，結束後還可以回去補眠。我已經預定好今年再次環島的計畫，只剩下倒數台東熱氣球嘉年華的到來。謝謝主辦單位辛苦的舉辦熱氣球嘉年華，讓我們能夠參與那麼棒的活動，而且台東真的太厲害了，不被疫情影響，順利邀請各國參加，讓我們一睹更多有趣的熱氣球。謝謝你們，辛苦了。

第五部

無限

空域遊憩活動第一品牌

十年歷程，熱氣球改變了台東，

也讓國際友人看見台灣，

樹立了一個難以超越的典範。

下一個十年，台東縣政府將以熱氣球為立基點，

持續擴大效益與影響力，

將台東塑造成台灣空域遊憩活動的領導者。

第二十二章

以熱氣球為載體，從一到無限大

熱氣球已經邁入 2.0 時代，主動出擊與異業結合，
拓展城市加乘，持續利用台東純淨的自然資源，
站穩台灣空域休憩活動霸主地位。

Hello Kitty 左耳打著一個紅色蝴蝶結，風靡全球七十多個國家，曾經出現在各種不同的物件上，從最大的飛機機身、台鐵車廂、鞋子包包、髮夾髮飾，甚至筆記本、筆、面紙，所在之處無不吸引粉絲們的目光。今年夏天，這位全球超人氣小天后 Hello Kitty，將換上淡藍色布農族傳統服飾，連左耳上的紅色蝴蝶結也點綴上布農族圖騰，現身鹿野，讓高台上無論男女老幼，個個少女心爆棚。

台東縣政府與台灣三麗鷗聯手，推出「世界唯一、台東限定」的 Hello Kitty 造型熱氣球，外型一公布馬上萌翻所有人，更在網路上掀起熱烈討論，未演先轟動的為今年的台東熱氣球嘉年華衝高第一波聲量。

Hello Kitty 之所以能在全球吸引無數粉絲，主要就是靠著無辜軟萌的外型，此次與台東熱氣球嘉年華的合作，就是希望能以熱氣球為載體，完美融合國際與在地，而 Hello Kitty 造型球的亮相，也宣告了台東熱氣球嘉年華 2.0 正式展開。

■ 2021 年全新製作完成的 Hello Kitty 熱氣球，即將引爆粉絲們的追星之旅。

鹿野高台變身熱氣球遊樂園

饒慶鈴說：「2020 年，是台東熱氣球嘉年華活動舉辦十週年紀念，十年是一個階段，如果說前十年是 1.0 版，接下來一定要走向開放，願意去整合所有可能性，才會出現創新的 2.0 版。更重要的是，我們要把熱氣球從一帶到無限，如果持續以原來的模式操作，它不會無限，所以我們一定要加入很多無限的可能性。」

為了讓國內外遊客能透過熱氣球看見台東的轉變，饒慶鈴也以直球對決的姿態，解決歷年來熱氣球嘉年華最為人詬病的交通問題。

以 2020 年為例，為期 51 天的嘉年華活動，湧入 120 萬名遊客，週末高峰期平均一天約有 10 萬人來到鹿野高台，但受到地形限制，只有一條環繞著鹿野高台的單向道路可以走，幾乎天天塞車，還曾經有遊客反應，短短五公里的路程，

更多精采影片

2021 台灣國際熱氣球嘉年華，全球唯一布農族服飾 Hello Kitty 熱氣球超萌登場

車程將近兩小時，等人抵達會場，活動都已經結束。

不只遊客飽受塞車之苦，當地居民生活也大受影響。因此，在疫情能穩定控制的前提下，台東縣政府將做出重大突破，讓所有汽車都停在距離高台不遠的停車場上，遊客步行進入，安排遊園車不斷繞行會場，讓遊客可以在固定地點上下車，就像是將整個鹿野高台打造成一個大型遊樂園。

饒慶鈴認為，台東是個值得遊客以「慢」步調享受的城市，但絕大多數開車來高台的遊客，因為怕塞車，往往活動一結束，就急急忙忙的趕著離開，非常可惜。他說：「如果以步行來體驗高台的美，或是透過遊園車接駁往來活動場地，遊客就有時間好好來體驗在地的魅力，不會急著離開。」

余明勳進一步補充：「既然以遊樂園區為設計概念，裡面就會有很多讓遊客想逛的地方，所以我們會跟在地產業合作，打造出一個紅烏龍館，讓所有的茶廠在這裡進行展售。」另外，由於熱氣球活動時間從清晨五點到七點就結

■ 2020 年全球唯一舉辦的台灣國際熱氣球嘉年華，在閉幕光雕音樂會時，熱氣球燃燒器噴火遊行繞場，震撼人心。

束，園區內也將規劃如兒童跳跳屋般的大型遊樂設備，讓親子遊客可以在看完熱氣球之後，繼續留下來玩，讓鹿野高台變成熱氣球主題樂園。

台東縣政府更進一步從源頭開始解決塞車問題。熱氣球活動期間，鹿野地區湧入大量汽車，主要是因為到台東的火車票實在不好買，自駕旅遊變成相對自由方便的選擇。潘貴蘭就說：「台東交通是個非常大的問題，從台北坐火車到台東最少也要三個半小時，而且火車票配票很少。」

■ 縣長饒慶鈴以手勢「十」感謝大家對熱氣球活動的支持與鼓勵。

因此，台東縣政府破除框架思考，與星宇航空包機合作，打造出針對高階消費族群，專屬於包機遊客的獨家熱氣球旅程，結合星宇航空與環島之星，火車去飛機回或飛機回火車去，讓遊客往來旅程更加豐富多元。而台東縣政府也將釋出部分繫留體驗票做為賣點，方便旅行社規劃三天兩夜或四天三夜的遊程，讓包機旅客一趟來到台東，除了可以上高台體驗熱氣球活動，也能欣賞星空音樂會、光雕音樂會，甚至再往外到知本泡溫泉、綠島玩浮潛等。

熱氣球拓展城市加乘

如今，熱氣球已經成為台東的名片，接下來，縣政府將用這張名片進行城市外交。余明勳說：「除了與三麗鷗合作，我們也響應縣長『開放、創新、整合』的施政概念，讓熱氣球不只是熱氣球，而是透過熱氣球創新『城市加乘』的效益，讓城市與城市之間，可以藉此相互連結交流，甚至在行政、文化、觀光、科技等各種層面結盟合作。」

因此，2021 年台東縣首度與台北市合作，進行城市各個施政面向的交流，台北市因而製作「熊讚熱氣球」入籍台東，加盟熱氣球國家隊行列，做為台北市城市外交的小尖兵。余明勳說：「透過熊讚造型球吸引台北市市民願意來到台東，並以此為起點，開啟跨縣市及跨局處間一連串的合作，在農產、文化、科技、教育等不同層面，產生深度連結或結盟，讓熱氣球成為一種城市加乘的催化劑。」

站穩全台空域遊憩領導地位

饒慶鈴則分析：「台東縣政府的資源有限，我們一定要聚焦在找到專屬於台東的獨特性。」除了加深熱氣球在台東的所有可能性，縣政府現在也開始幫它找夥伴，一起來飛。

抬頭看看台東的天空，大片的藍天點綴著數朵白雲，給人一種乾淨明亮的感覺，這份「乾淨」正是台東空域得天獨厚的最大優勢。根據民航局規定，台東空域屬於負向表列，也就是只有少數區域屬於禁航區或限航區，其他地區都是可以飛行的區域，可說是全台灣最適合發展空域活動的地方。

因此，繼飛行傘、熱氣球、民航機駕訓學校後，台東縣政府也著手將無人機納入未來空域產業發展重點。目前已經扶植鹿鳴溫泉酒店設立無人機考場，並開辦「無人機與 AI 在賽事活動的應用」課程，希望加強培育在地無人機產業人才，未來也將持續扶植並輔導有意願的業者與團體，投入發展無人機產業，打造全新的台東旅遊型態。

此外，台東縣政府還要再往「極限」推進，嘗試引進國外盛行已久的跳傘活動。余明勳說：「世界知名的跳傘聖地，包括杜拜、夏威夷、澳洲、紐西蘭及歐洲等地，每年都吸引觀光客專程前往，發展跳傘的條件是要有乾淨的空域，以及讓人驚豔的大自然景觀，這兩項台東都具備。」

事實上，早在 1797 年，法國青年安德烈在巴黎，就是借助熱氣球升到 1,000 公尺的高空，完成人類史上首次成功的跳傘紀錄。就像當年台東縣政府看到熱氣球在台東的潛力一樣，這次，台東縣政府也希望能再次突破台東空域活動的可能性，余明勳透露：「我們 2021 年有可能會在熱氣球一結束的當天，隨即舉辦跳傘嘉年華。」

根據台東縣政府規劃，初期將先邀請國際好手，以跳傘表演的形式，進行為期約兩週的跳傘嘉年華，民眾可以在夜

■ 燦爛的煙火搭配熱氣球，激勵被疫情悶壞了的人心。

■ 在台東縣縣長饒慶鈴（前排左四）、副縣長王志輝（前排左二）及交觀處處長余明勳（前排右一）帶領下，2020 年台灣國際熱氣球嘉年華畫下完美的句點。

空中看到跳傘運動員身上帶著光影，透過團體隊形變化，產生各種視覺饗宴。初期用表演活動吸引遊客，常態則希望能提供跳傘體驗，推動台東成為全國唯一跳傘的合法場域。

不過，余明勳也坦言，目前台灣並沒有跳傘相關法規，這跟十年前沒有熱氣球的法規是一樣的，所以熱氣球 2.0 版似乎已經成為一種典範，無形中推動台東縣政府再度循著同樣模式，開闢另外一個空中遊憩新體驗，他說：「這項計畫，縣政府未來定會積極與主管機關協調溝通，希望能促成。」

「台東空域實在太棒了，非常適合發展空域遊憩活動，」余明勳強調，因此，由熱氣球領軍，透過飛行傘、無人機，甚至未來期待解鎖成就的跳傘活動，台東縣政府希望將台東打造成為台灣空域遊憩活動的領導品牌，讓熱氣球的熱度不僅僅只有暑假兩個月，而能持續延伸效益，讓台東的天空一年四季都能繽紛熱鬧，為在地民眾、海內外遊客、台灣甚至全世界，帶來無限希望與幸福感。

附錄一

台灣國際熱氣球嘉年華大事紀（2011 年～ 2020 年）

十年熱氣球歷程，寫下許多精采紀錄與經驗，
每一項都是參與者的努力與感動。

2011

1 台東開始辦理全國第一場熱氣球嘉年華活動，由十三顆熱氣球完成台灣有史以來第一次自由飛行，開啟台灣空域遊憩活動序幕。

2 台東首顆熱氣球彩繪圖，由縱谷地區五所國小共 335 位小朋友的塗鴉作品，設計成為台灣第一顆熱氣球彩繪塗裝。

2012

1 設置飛行學校，培訓國內飛行人才，公開招募五位熱氣球飛行員，成為台灣首批合法熱氣球飛行員。

2 舉辦台灣國際熱氣球嘉年華的 logo 徵選活動。

3 台灣第一顆編號 B-00001 「台東球」於鹿野高台起飛，台灣熱氣球穩健新紀元正式開啟。

4 榮獲台灣活動發展協會「2012 台灣活動卓越獎」。

2013

1 打造全世界最長的熱氣球節（73 天）。

2 首創熱氣球空中遊覽（商業自由飛載客營運），吸引大批遊客爭相預約。

3 台東縣政府熱氣球團隊受邀總統府元旦升旗典禮繫留展演，創中華民國史上元旦升旗與熱氣球結合的紀錄。

4 民航局將台灣熱氣球及飛行員取照納入規範管理，取代原先的「專案申請」，讓台灣熱氣球活動有法可循，能在專業及安全的規範下發展，與國際接軌。

5 獲得交通部觀光局「台灣觀光年曆」國際型活動認證。

6 獲得《天下雜誌》「金牌服務大賞」活動類全國第二名，僅次於大甲媽祖遶境。

7 台灣第一顆造型球「愛心球」首次亮相，特別打造成無障礙藤籃，提供真正有愛無礙的環境，方便身心障礙者搭乘熱氣球。

8 台東球首次出國參加澳洲坎培拉熱氣球節。

2014

1 台灣首間以熱氣球空域飛行遊覽為主的民間航空公司——天際航空，正式掛牌成立。

2 台東縣熱氣球協會成立。

2015

1 首次挑戰移地光雕音樂會，以不同鄉鎮的自然景觀特色（太麻里曙光）結合熱氣球光雕，創造熱門話題。

2 首次挑戰飛越台東市（豐年機場到豐源國小附近），寫下台灣史上第一次熱氣球飛越城市紀錄。

2016

1 首次辦理熱氣球挑戰賽事，世界各地熱氣球好手爭相來台角逐擲準比賽冠軍。

2 首次移師外縣市，於高雄辦理熱氣球光雕音樂會，吸引上萬遊客參與。

2017

1 首次挑戰在三仙台呈現熱氣球與曙光的經典畫面，成功創造全新視覺與感動。

2 首次移師台北國家級藝術殿堂——自由廣場，舉辦熱氣球光雕音樂會，展演的七顆熱氣球都是台灣球，包含從第一屆飛行到現在的「台東球」，以及台灣第一顆造型熱氣球「愛心球」。

3 「福利熊」造型熱氣球首次亮相，是僅次於愛心球的第二顆台灣造型球，以及首顆企業吉祥物造型球，而全聯福利中心也是國內首家製作造型球的民營企業。

2019

1 光雕音樂會首次移師綠島進行演出。
2 首次獲民航局許可，以夜間繫留方式進行熱氣球光雕展演。
3 舉辦九場次光雕音樂會，為歷年最多場；四十顆造型熱氣球登場，為歷年最多顆。
4 喔熊造型熱氣球首次出國巡迴世界各地熱氣球節，擔任台灣觀光大使。
5 台東縣政府首次開放授權九款專屬的熱氣球圖像，加深台東熱氣球品牌形象。

2018

1 獲知名旅遊頻道（Travel Channel）評選世界十二處令人驚豔的熱氣球嘉年華活動。
2 台東獲全球線上訂房品牌（Booking.com）入選為全球十大新興旅遊城市。
3 「喔熊」造型熱氣球首次亮相，融合了台灣黑熊及原住民文化元素，背著阿美族情人袋、披著印有 Taiwan 字樣的橘色閃亮小披風，不僅展現台灣特色，更肩負行銷宣傳與國際交流的重責大任。

2020

1 在新冠肺炎（COVID-19）疫情蔓延下，成為全世界唯一成功舉辦的國際熱氣球嘉年華。
2 光雕音樂會首次挑戰在有「台東黑森林」之稱的台東森林公園舉辦。
3 首次在鹿野高台導入熱氣球燃燒器噴火遊行，盛大入場儀式成功點燃現場氣氛。
4 遊客人次達 120 萬人次，為歷年最多，觀光產值效益逾 28 億元，達歷史新高。

附錄二

台灣國際熱氣球嘉年華年度紀念衫

每一年台灣國際熱氣球嘉年華籌備期間，台東縣政府都會幫所有工作人員，包括國內外飛行員、地勤人員，設計年度紀念衫做為識別。十年來衣服的顏色與外觀，因應潮流而有材質、功能與設計上的變化，並且只送不賣，十分有紀念價值。

2011 年

第一屆紀念衫以T恤型態呈現，紅色與藍色設計充滿活力，胸口上則以「I LOVE FLY」、愛心熱氣球圖騰及活動名稱呈現精神與主軸。

2012 年

這一年的紀念衫有兩種形式，T恤及有領子的polo衫，T恤提供給地勤及工作人員，便於穿脫整理，polo衫則是飛行員專用，強調專業感。

2013 年

本年度紀念衫依照不同執掌區分，工作人員是紅色T恤、地勤人員是黃色T恤，讓飛行員於空中得以一眼就能識別，飛行員則是以深藍色polo衫呈現。

2014 年

飛行員的深藍色polo衫上除了當年度熱氣球logo及主題名稱外，袖口繡上鮮黃色邊條，顯得更亮眼。地勤人員的T恤則以橘色搭配大面積熱氣球圖樣，展現熱情。

2015 年

本年度設計兩款共四色紀念衫。地勤人員是粉紅色及藍色的 T 恤，使用快速排汗的輕量布料，穿起來更舒適。飛行員則是灰色與紫色的 polo 衫，袖口滾邊點綴活力。

2016 年

地勤人員穿著螢光綠色的 T 恤，便於辨識，飛行員則是藍色的 polo 衫，胸前的熱氣球圖樣巧妙融合在英文字中。本年度的服飾首度與 uniqlo 合作推出，十分有紀念價值。

2017 年

地勤人員是水藍色 T 恤，而飛行員的丈青色 polo 衫搭配滿版白色點點，右手臂車縫著國旗織標，胸前的熱氣球圖樣層層堆疊，象徵熱氣球緩緩升空，承載著歡樂與雀躍，在空中遠眺台東這片充滿人情味的土地。

2018 年

飛行員的 polo 衫有黑白兩色，左手臂上電繡台東 logo，胸口則以熱氣球與彩虹互相搭配，象徵著乘坐熱氣球穿越彩虹，迎向完美旅程。

2019 年

地勤人員的 T 恤採用明亮的珊瑚橘色，而飛行員的 polo 衫是丈青色，胸前以簡單的熱氣球線條，加上 2019 台灣國際熱氣球嘉年華的英文名稱，簡單而典雅，丈青色搭配粉白相間 的熱氣球線條，溫柔沉穩中帶有繽紛活力。

2020 年

地勤人員的 T 恤以蒲公英描繪出熱氣球形狀，飛行員的 polo 衫以經典藍為底色，胸前的圖樣以弧形色塊與 2020 數字搭配成一個特殊熱氣球造型，黃白相間的配色顯得熱情又有活力，期許 2020 年能夠飛得更高，眺望新世界。

附錄三

台灣熱氣球介紹

台東球

台灣第一顆合法熱氣球，球體上的彩繪是由台東縱谷區五所國小學童發揮創意所畫出，充滿童趣、十分可愛。而這顆熱氣球也是台東的熱氣球外交大使，參與過澳洲、馬來西亞、菲律賓、加拿大等多場國際熱氣球嘉年華活動。

| **年份：2012** | **編號：B-00001** |

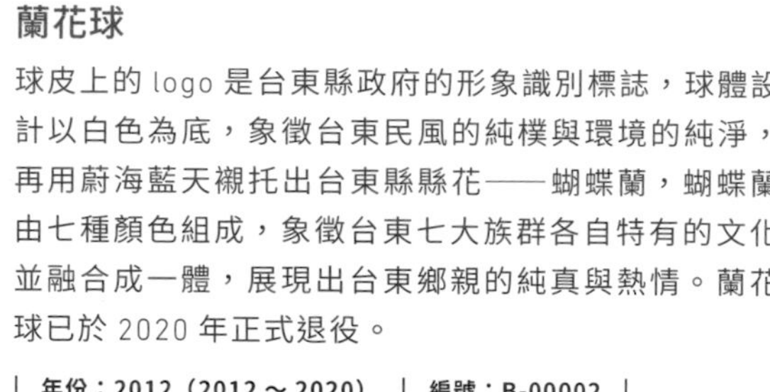

蘭花球

球皮上的 logo 是台東縣政府的形象識別標誌，球體設計以白色為底，象徵台東民風的純樸與環境的純淨，再用蔚海藍天襯托出台東縣縣花——蝴蝶蘭，蝴蝶蘭由七種顏色組成，象徵台東七大族群各自特有的文化並融合成一體，展現出台東鄉親的純真與熱情。蘭花球已於 2020 年正式退役。

| **年份：2012（2012 ～ 2020）** | **編號：B-00002** |

愛心球

國內第一顆造型熱氣球，由觀光局贊助，以簡單的愛心造型，搭配台灣觀光特色圖樣，襯托出「TAIWAN — THE HEART OF ASIA」（亞洲之心）的意象，另一面則以全版鮮紅及「TAITUNG — Taiwan' s Treasure」（台灣瑰寶）字樣來象徵陽光、熱情的台東。

| **年份：2013** | **編號：B-00003** |

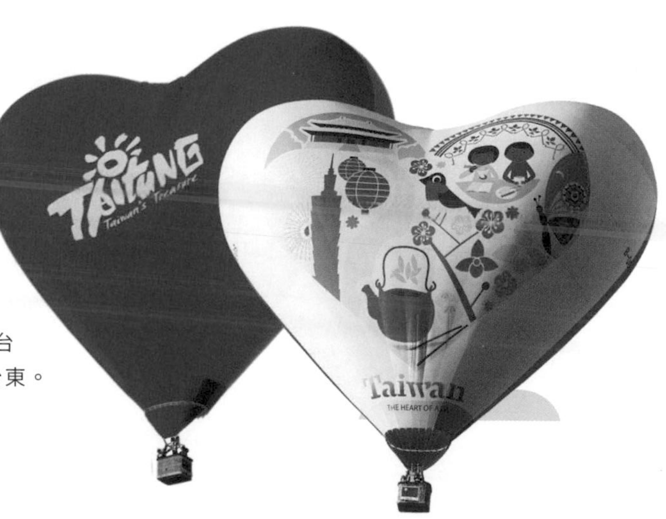

蠟筆球

熱氣球造價不低，時間一久球皮需進行整修或重製。這顆編號為五號的熱氣球出廠年份早，因企業結束贊助，所以重新塗裝，在球體彩繪繽紛色塊，中間留做未來贊助企業冠名使用，於 2018 年重新閃亮登場。

| 年份：2018 | 編號：B-00005 |

彩虹球

以鮮豔如同彩虹般色塊拼貼設計而成的彩虹球，就像一顆繽紛的大糖果，在縱谷的翠綠背景襯托下非常亮眼。

| 年份：2013 | 編號：B-00006 |

乳牛球

由企業贊助的乳牛球，有黑白相間的斑點，以及大大的卡通造型牛頭，不論在國內外，所到之處總能吸引大小朋友的目光，甚至登上頭版封面，儼然是以熱氣球做為廣告的成功案例。

| 年份：2013 | 編號：B-00007 |

南瓜球

台東現役熱氣球裡體型最迷你的一顆，約可搭載 2 人，操控性較靈敏，適合訓練使用，由黃藍相間的色塊拼成，遠遠看起來就像是一顆大南瓜在天上，更顯得可愛。

| 年份：2013 | 編號：B-00008 |

綠巨人球

正如它的名字「巨人」，目前是台東縣政府所擁有的熱氣球中最大顆的，在 2020 年以前也是台灣境內最大的熱氣球。

| 年份：2013 | 編號：B-00009 |

貿局球

由經濟部國際貿易局委託中華民國對外貿易發展協會贊助製作，至今參與過包括荷蘭、美國、泰國等熱氣球嘉年華，持續向世界推廣台灣精品與會展產業。

| 年份：2014 | 編號：B-00011 |

福利熊球

全台第一顆企業吉祥物造型球。全聯福利中心 2017 年特別打造 M-77 型規格的「福利熊造型熱氣球」，球囊充滿氣體後，體積約 2,200 立方公尺，高度可達 21 公尺，約 7 層樓高。全聯福利中心也是全台第一個製作造型熱氣球的民營企業。

| 年份：2017 | 編號：B-10411 |

喔熊球

出生於台灣的喔熊，於 2014 年 6 月 3 日正式被任命為台灣觀光局「超級任務組組長」。自 2018 年 7 月 21 日起，以熱氣球的最新造型：背著阿美族情人袋、披著印有 Taiwan 字樣的橘色閃亮小披風，將台灣最美的風景帶到世界各地。

| 年份：2018 | 編號：B 00012 |

Hello Kitty 球

台東縣政府與三麗鷗股份有限公司合作，於 2020 年開始製作全球唯一、台東限定的「Hello Kitty 熱氣球」，並於 2021 年正式亮相。台東縣擁有七大原住民族群，在這之中，熱氣球主要的活動場域——縱谷地區，多為布農族，於是便邀請 Hello Kitty 穿著布農族傳統服飾，來參加夏季最受矚目的「台灣國際熱氣球嘉年華」。

| 年份：2021 | 編號：B-00013 |

附錄四

世界熱氣球嘉年華地圖

人類著迷於飛行，經過無數次嘗試後，終於成功乘著熱氣球離開地球表面，比飛機的發明還早了一千兩百年，而熱氣球如詩一般的旅行速度，也愈來愈受到人們喜愛。除了台東的台灣國際熱氣球嘉年華之外，一起來看看，世界上還有哪些別具特色、值得造訪的熱氣球嘉年華！

阿爾伯克基國際熱氣球嘉年華

每年 10 月初舉辦，平均會有超過七百五十顆大型熱氣球參加，是世界上最大型的熱氣球嘉年華。最大亮點就是數百顆熱氣球同時升空的壯觀場面，另外還有許多特殊的競賽活動，相當熱鬧有趣。

聖讓黎塞留國際熱氣球嘉年華

於加拿大魁北克省舉行，是全方位的嘉年華，包括熱氣球表演、演唱會、遊樂設施等，樣樣齊全。其中還有一項特別的熱氣球 VR 體驗，讓有懼高症的朋友和年齡未滿的小朋友，能夠「腳踏實地」的體會飛翔高空的快感。

布里斯托國際熱氣球嘉年華

距離倫敦車程約兩小時，布里斯托熱氣球嘉年華以標新立異、外型創新的造型熱氣球為最大賣點，平均每年都有超過一百顆球升空，搭乘熱氣球飛行於天空時，則可飽覽下方英式田園風光，晚上還有動感十足的光雕秀，非常熱鬧。

歐洲熱氣球嘉年華

位在西班牙伊瓜拉達，是歐洲最大的熱氣球嘉年華。除了早上能觀賞熱氣球升空，或搭乘熱氣球，從高空俯瞰這座距離巴賽隆納 67 公里的紅磚城市外，到了夜晚，更有融合煙火的光雕秀可以欣賞。

代堡國際熱氣球嘉年華

有別於其他地方都在綠地升空，來到瑞士代堡，則可享受雪地起飛，飄過阿爾卑斯山的獨特體驗，當熱氣球升空後，整個阿爾卑斯山的冰川、雪地甚至更遠處的日內瓦湖景色，都能盡收眼底。

佐賀國際熱氣球嘉年華

亞洲規模最大的熱氣球活動，每年秋天熱鬧登場，聚集了國內外熱氣球競技選手，平均每年吸引約八十萬人潮前來參加。除了比賽外，另特別設有兒童日、夜間節目，加上現場眾多的卡通造型球，讓會場顯得童趣又美麗。

台灣

台灣國際熱氣球嘉年華

自 2011 年開辦以來，開啟台灣空域休閒遊憩活動的新契機，在台東鹿野高台舉行的熱氣球嘉年華已成為最令人期待的夏日盛宴，除了可飽覽花東縱谷之美，還可欣賞各國造型熱氣球、享受不同主題的熱氣球光雕音樂會。

卡帕多奇亞熱氣球嘉年華

卡帕多奇亞當地擁有獨特的火山岩地形，歷經百萬年風雨侵蝕後，形成陡峭的神奇煙囪景觀，被稱為地球上最像月球的地方。搭乘五顏六色的熱氣球緩緩飛行於單色調的廣闊岩峰間，相當奇幻炫麗。

坎培拉熱氣球驚豔嘉年華

名列全球四大熱氣球活動，通常在 3 月登場，當地是非常舒服的秋季，湖光山色的柔和色彩中，五彩繽紛的熱氣球飄揚其中，和諧的相互映襯。飛行路線可以俯瞰坎培拉市區的舊國會大樓等建築物，也有別於其他熱氣球嘉年華。

BCB735

高度 2500 呎的夢想

台東如何打造熱氣球第一品牌

作　　者 — 陳書孜、王思佳

企劃出版部總編輯 — 李桂芬
主　　編 — 羅德禎
責任編輯 — 郭盈秀
美術設計 — 劉雅文（特約）
圖片提供 — 台東縣政府、邱盛富、林沅霆、吳稚偉、李容伶、陳于園、李仁生、許裕昌、張小月、Wout Bakker、天際航空、鹿鳴溫泉酒店、王志清、廖中勳
攝　　影 — 吳東峻、高信宗

出 版 者 — 遠見天下文化出版股份有限公司
創 辦 人 — 高希均、王力行
遠見・天下文化・事業群　董事長 — 高希均
事業群發行人／CEO — 王力行
天下文化社長 — 林天來
天下文化總經理 — 林芳燕
國際事務開發部兼版權中心總監 — 潘欣
法律顧問 — 理律法律事務所陳長文律師
著作權顧問 — 魏啟翔律師
地　　址 — 台北市 104 松江路 93 巷 1 號 2 樓
讀者服務專線 — （02）2662-0012
傳　　真 — （02）2662-0007；2662-0009
電子郵件信箱 — cwpc@cwgv.com.tw
郵政劃撥 — 1326703-6 號　遠見天下文化出版股份有限公司
出版登記 — 局版台業字第 2517 號

製 版 廠 — 中原造像股份有限公司
印 刷 廠 — 中原造像股份有限公司
裝 訂 廠 — 中原造像股份有限公司
總 經 銷 — 大和書報圖書股份有限公司　電話 — (02)8990-2588
出版日期 — 2021 年 10 月 5 日第一版第 2 次印行

定　　價 — NT450 元
I S B N — 978-986-525-251-9
書　　號 — BCB735
天下文化官網 — bookzone.cwgv.com.tw

國家圖書館出版品預行編目(CIP)資料

高度2500呎的夢想：台東如何打造熱氣球第一品牌 / 陳書孜, 王思佳著. -- 台北市：遠見天下文化出版股份有限公司, 2021.07
　面；　公分
ISBN 978-986-525-251-9(平裝)

1.旅遊 2.熱氣球 3.戶外活動 4.台東縣

733.9/139.6　　110011557